OXFORD

take off in
Italian

Travel Dictionary and Phrasebook

30129 075 873688

OXFORD
UNIVERSITY PRESS

OXFORD
UNIVERSITY PRESS

Great Clarendon Street, Oxford OX2 6DP

Oxford University Press is a department of the University of Oxford.
It furthers the University's objective of excellence in research, scholarship,
and education by publishing worldwide in

Oxford New York

Auckland Bangkok Buenos Aires Cape Town Chennai
Dar es Salaam Delhi Hong Kong Istanbul Karachi Kolkata
Kuala Lumpur Madrid Melbourne Mexico City Mumbai Nairobi
São Paulo Taipei Tokyo Toronto

Oxford is a registered trade mark of Oxford University Press
in the UK and in certain other countries

Published in the United States
by Oxford University Press Inc., New York

British Library cataloguing in Publication Data available

Library of Congress Cataloging in Publication Data
Data available

ISBN 0-19-860971-X

Only available as a component of *Oxford Take Off In Italian*
1

Typeset by The Read Setter, Osney, Oxford
Printed in Great Britain by Clays Ltd, Bungay

Contents

The world at large

Useful phrases

Contributors

Editor   Loredana Riu
Project Manager   Della Thompson

Introduction

This book has been designed to function as a lively and accessible tool for anyone with an interest in expanding their knowledge of Italian. It provides the words and phrases necessary to everyday communication in a wide variety of contexts. There are 65 topic sections, each of which has been created to provide a window into how Italian is used to talk about a particular real-life situation.

The topic areas are arranged so as to move outwards from people, relationships, and domestic surroundings, through everyday life, work and leisure, into the world at large. Each separate topic is presented on a double-page spread and has its own number and title, making for easy identification of the area of vocabulary covered. Within each topic, the information is ordered according to type of word, so as to provide a clear structure for vocabulary learning. Similarly, within word types, the words and phrases are grouped to reflect relationships in the real world, rather than as alphabetical lists.

Where appropriate, topic sections contain unique *Language in Action* features. These are examples of everyday Italian as used by native speakers of the language, reflecting the language area. They range from dialogues and sketches to newspaper articles, reviews, and advertisements. The aim is to draw language-learners into a variety of linguistic contexts, such as they might encounter in a Italian-speaking environment, and to encourage intuitive assimilation of sentence structure and idiom, as well as reinforcing vocabulary learning.

How to use this book

Use the Contents section to identify the subject area and topic that you are interested in. Alongside the title of the topic, you will find the topic number. These are shown clearly, along with the title, on each left-hand page throughout the main part of the book. Each is also shown in a vertical strip on the right-hand page, for extra-easy look-up. The layout of the pages has been designed to be as clear, open, and accessible as possible. We hope that users will enjoy exploring them. After the 65 topic areas, there is a phrasebook section, which lists the most useful phrases to help you cope with everyday situations.

Abbreviations and symbols

(M)	*masculine gender*
(F)	*feminine gender*
(*US*)	*American*
™	*trade mark*
*	*informal*

1 People 1: personal details

la persona	person
la gente	people
l'adulto/-a	adult
l'uomo	man
il signore	gentleman/man
il marito	husband
la donna	woman
la moglie	wife
la signora	lady
il figlio/la figlia	child
il bambino, il ragazzo	boy
la bambina, la ragazza	girl
l'adolescente (M/F)	teenager
il vedovo/la vedova	widower/widow
il/la single	single man/woman
la coppia	couple
l'età (F)	age
il compleanno	birthday
la carta d'identità	identity card
il passaporto	passport
il nome	name
il cognome	surname
l'indirizzo	address
la via	street
il numero	number
la città	town/city
il codice postale	postcode (UK), zip code (US)
lo stato civile	marital status
la data (di nascita)	date (of birth)
l'anno	year
il mese	month
la residenza	place of residence
il luogo di nascita	place of birth
il paese d'origine	country of birth
la cittadinanza	nationality
il sesso	sex
il numero di telefono/di fax	telephone/fax number
l'indirizzo di posta elettronica	e-mail address
la firma	signature
l'autorità	authority

il/la titolare	holder (person)
nubile/celibe	single
sposato	married
fidanzato	engaged
divorziato	divorced
separato	separated
adottato	adopted
valido	valid
essere	to be
avere	to have
abitare	to live
morire	to die
nascere	to be born
chiamarsi	to be called
sposare qualcuno	to marry someone
sposarsi (con)	to get married (to)
essere (di)	to come (from)
vivere	to live
mi chiamo Laura	my name is Laura
ho ventitré anni	I'm twenty-three
abito a Siena	I live in Siena
sono di Milano	I come from Milan
nato/-a il	born on (date of birth)

Language in action

CARTA D'IDENTITÀ N°: 67357621

COMUNE DI LIVORNO
COGNOME: Goggi
NOME: Antonio
NATO IL: 15.10.1960
(ATTO N. 2594)
À: Livorno (LI)
CITTADINANZA: Italiana
RESIDENZA: Pisa
VIA: Giovanni Pascoli 8
STATO CIVILE: Celibe
PROFESSIONE: Farmacista
STATURA: 1.80
CAPELLI: Castano scuri
OCCHI: Castani
SEGNI PARTICOLARI:
FIRMA DEL TITOLARE:

LIVORNO il 24.10.1985
IL SINDACO:

2 People 2: family & friends

la famiglia	*family*
la madre	*mother*
la mamma	*mum, mummy, mom* (US)
il padre	*father*
il papà	*dad, daddy*
la figlia	*daughter*
il figlio	*son*
la sorella	*sister*
il fratello	*brother*
la sorellastra	*half-sister, stepsister*
il fratellastro	*half-brother, stepbrother*
la moglie	*wife*
il marito	*husband*
la matrigna	*stepmother*
il patrigno	*stepfather*
la nonna	*grandmother*
il nonno	*grandfather*
i nonni	*grandparents*
la bisnonna	*great-grandmother*
il bisnonno	*great-grandfather*
il/la nipote	*grandson/granddaughter*
i nipoti	*grandchildren*
la zia	*aunt*
lo zio	*uncle*
la nipote	*niece*
il nipote	*nephew*
il cugino/la cugina	*cousin*
la suocera	*mother-in-law*
il suocero	*father-in-law*
i suoceri	*parents-in-law*
la cognata	*sister-in-law*
il cognato	*brother-in-law*
la nuora	*daughter-in-law*
il genero	*son-in-law*
il padrino	*godfather*
la madrina	*godmother*
il figlioccio	*godson/godchild*
la figlioccia	*goddaughter*
l'amico/-a	*friend*
la ragazza	*girlfriend*
il ragazzo	*boyfriend*
il vicino/la vicina	*neighbour*

giovane	*young*
anziano	*elderly*
vecchio	*old*
maggiore	*elder/eldest*
solo	*alone*
con	*with*
senza	*without*
a	*at/to*
piacere	*to like/love*
odiare	*to hate*
baciare	*to kiss*
preferire	*to prefer*
prendersi cura di	*to look after*
guardare	*to look at*
allevare	*to bring up*
andare d'accordo con	*to get on well with*
stare insieme a qualcuno	*to go out/be going out with someone*
essere figlio unico	*to be an only child*

Language in action

- Silvia, vuoi vedere delle foto di mia sorella Delia?
- Fa' vedere! è tua sorella? Com'è giovane!
- No, quella è mia cugina Francesca. Mia sorella è quella a fianco, a destra di mia madre. È quello è suo marito, mio cognato, con i genitori.
- E quei due là?
- Questi sono miei fratelli, Giulio, che ha due anni più di me e Giovanni, il più piccolo.
- La signora anziana è tua nonna?
- No, quella è la suocera di mia sorella, e il bambino che ha in braccio è mio nipote. Mia sorella lavora, quindi sono i suoceri che se ne occupano.
- Com'è carino! Assomiglia moltissimo alla bambina seduta che si vede in primo piano. Scommetto che sono fratello e sorella.
- No, quella è sua cugina Marina, la figlioccia di mio cognato. Ma mia sorella effettivamente ha una bambina di quattro anni, Carolina. è un po' gelosa del fratellino ma in fondo gli vuole bene.
- Eh sì! Succede spesso.

3 People 3: appearance

la testa	head
la faccia, il viso	face
la carnagione	complexion
l'occhio	eye
le ciglia	eyelashes
le sopracciglia	eyebrows
la fronte	forehead
il naso	nose
la bocca	mouth
il labbro (pl. le labbra)	lip
il dente	tooth
l'orecchio	ear
la guancia	cheek
il mento	chin
i baffi	moustache
la barba	beard
i capelli	hair
il collo	neck
il braccio	arm
il gomito	elbow
la mano (F)	hand
il dito	finger
l'unghia	nail
il fianco, l'anca	hip
la gamba	leg
il ginocchio	knee
il piede	foot
la caviglia	ankle
l'altezza, la statura	height
gli occhiali	glasses
giovane	young
vecchio	old
bello	good-looking/beautiful
carino	pretty/cute
attraente	attractive
brutto	ugly
robusto	well-built/sturdy/strong
forte	strong/well-built
grande	big
alto	tall
piccolo	small
basso	short

magro	slim/thin/skinny
abbronzato	suntanned
biondo	blond
castano	brown-haired/brown (hair)
nero	black
rosso	red-haired/red (hair)
bruno	dark/dark-haired
ondulato	wavy
riccio	curly
corto	short
lungo	long
azzurro	blue
grigio	grey
marrone	brown
verde	green
chiaro	light
scuro	dark
ammirare	to admire
conoscere	to know
descrivere	to describe
indossare	to wear
assomigliare a	to look like
com'è (lui/lei)?	what does he/she look like?
è castana	she has brown hair
meno...di/che	less...than
più...di/che	more...than

Language in action

- Cristina? Che sorpresa! Cosa ci fai qui a scuola?
- Barbara? Non sapevo che insegnassi qui!
- Faccio supplenze. Ho la classe del maestro Lizzani, si è fratturato un braccio.
- Povero maestro Lizzani, mi faceva un po' paura, con quegli occhiali spessi e la barba.
- È sempre uguale, ma gli alunni lo adorano. Sei venuta a prendere i tuoi figli?
- No, i miei sono alle medie. Aspetto la mia nipotina Claudia.
- Claudia Caselli?
- Sì, è la figlia di mia sorella Sabrina.
- In effetti ha l'aria di famiglia: i capelli biondi ricci, il nasino all'insù... è proprio il ritratto della madre quando aveva la stessa età.
- Eccola che arriva di corsa. Mi ha fatto molto piacere rivederti, Barbara. Ciao.
- A presto, spero.

l'amicizia	*friendship*
l'amore (M)	*love*
la bontà	*kindness*
il fascino	*charm*
la sicurezza	*confidence*
l'egoismo	*selfishness*
l'entusiasmo	*enthusiasm*
la speranza	*hope*
l'orgoglio	*pride*
la generosità	*generosity*
la gentilezza	*kindness*
l'immaginazione (F)	*imagination*
l'intelligenza	*intelligence*
l'interesse (M)	*interest*
la gelosia	*jealousy*
l'invidia	*envy*
la pigrizia	*laziness*
il senso dell'umorismo	*sense of humour*
la preoccupazione	*worry*
l'impazienza	*impatience*

piacevole	*pleasant*
simpatico	*nice*
amichevole	*nice, friendly*
gentile	*kind, nice*
affascinante	*charming*
fantastico	*great, fantastic*
divertente	*amusing/funny*
interessante	*interesting*
intelligente	*clever, intelligent*
furbo	*clever*
dotato	*gifted*
educato	*polite*
onesto	*honest*
serio	*serious*
lavoratore/-trice	*hardworking*
efficiente	*efficient*
servizievole	*obliging*
sagggio	*well-behaved*
attivo	*active*
sportivo	*sporty*
timido	*shy*
spiacevole	*unpleasant*
insopportabile	*unbearable*

maleducato	*rude, impolite*
cattivo	*spiteful*
disonesto	*dishonest*
egoista	*selfish*
stupido	*stupid*
strano	*odd, strange*
matto, pazzo	*mad, crazy*
testardo	*stubborn*
distratto	*absent-minded*
sbadato	*careless, scatterbrained*
pigro	*lazy*
viziato	*spoiled*
maldestro	*clumsy*
fortunato	*fortunate*
felice	*happy*
sfortunato	*unfortunate*
infelice	*unhappy*
contento	*pleased, happy*
eccitato	*excited*
calmo	*calm*
triste	*sad*
deluso	*disappointed*
innamorato	*in love*
geloso	*jealous*
nervoso	*nervous*
preoccupato	*worried*
spaventato	*scared, frightened*
infastidito, seccato	*annoyed*
arrabbiato	*angry*
infuriato	*furious*
essere depresso/ deprimersi	*to be/get depressed*
sperare	*to hope*
potere	*to be able*
conoscere	*to know*
volere	*to want, wish*
avere l'aria	*to look*
hai un'aria stanca	*you look tired*
avere un brutto carattere	*to be bad-tempered*
aver paura (di)	*to be afraid (of)*
essere di buon/di cattivo umore	*to be in a good/bad mood*
essere arrabbiato	*to be angry*
essere colpito (da)	*to be impressed (by)*
saper fare	*to know how to, to be able to*
lei sa suonare il piano	*she can play the piano*
preoccuparsi (per)	*to be worried (about)*

buongiorno (signora/signore)	hello, good morning/afternoon
buonasera (signora/signore)	hello, good evening
pronto!	hello! (answering telephone)
ciao!	hi!/see you!
saluta i tuoi	say hello to your parents
buona giornata!	have a nice day!
buona fortuna!	good luck!
in bocca al lupo!	good luck!
buon compleanno!	happy birthday!
buon anno!	happy New Year!
buon Natale!	happy Christmas!
chiamare qualcuno	to ring (UK)/call someone
telefonare a qualcuno	to telephone someone
fare una domanda	to ask a question
avere un appuntamento con qualcuno	to have arranged to meet someone
arrivederci	goodbye
ci vediamo	see you/speak to you later
a presto	see you/speak to you soon
a domani	see you/speak to you tomorrow
a fra poco	see you/speak to you in a minute
come stai?	how are you?
come va?	how are you?
va bene, grazie	fine, thanks
ti/vi presento...	have you met...?
piacere	pleased to meet you
per piacere	please
grazie	thank you
prego	you're welcome
scusi	excuse me
scusa/scusate!	sorry!
mi dispiace	I'm sorry
non c'è problema	it's all right
non fa niente	it doesn't matter
non ti preoccupare	don't worry
essere d'accordo (con)	to agree (with)
io sono d'accordo (con te/lui)	I agree (with you/him)
fa lo stesso	I don't mind
penso di sì	I think so
non penso/penso di no	I don't think so

non lo so	I don't know
mi stupirebbe	I'd be surprised
incontrare	to meet
vedersi	to see each other/one another
chiacchierare	to chat/chatter
domandare	to ask
rispondere	to reply, answer
discutere	to discuss
divertirsi	to enjoy oneself
invitare	to invite
litigare	to quarrel
scusarsi	to apologize

Language in action

L: Ciao Anna! Ma che sorpresa! Cosa fai da queste parti?
A: Ciao Laura! Dammi un bacio! Quanto tempo che non ci vediamo!
L: Almeno tre mesi. Come vanno le cose?
A: Abbastanza bene, lavoro tantissimo. E tu come stai?
L: Bene, anche se la mia vita è cambiata parecchio. Ho cambiato lavoro e non sto più con Massimo.
A: Mi dispiace. In effetti hai l'aria un po' stanca.
L: Non ti preoccupare, è meglio così. Stavamo sempre litigando, non andavamo d'accordo su niente. È molto meglio così.
A: Sono d'accordo con te. Hai tempo per bere un caffè e fare due chiacchiere?
L: No, scusa, ho appuntamento con un'amica per andare al cinema. Magari un altro giorno?
A: D'accordo, buona idea. Sei libera domani?
L: Domani non posso, mi dispiace.
A: Non importa. Ti telefono e ci mettiamo d'accordo per un'altra volta.
L: Ah, ecco la mia amica Teresa! Anna, ti presento Teresa.
A: Piacere. Vi conoscete da tanto?
T: Da qualche mese, lavoriamo insieme. Laura mi ha parlato tanto di te.
L: Ora dobbiamo andare, ma ti chiamo presto.
A: D'accordo! Allora ciao - e divertitevi!
L-T: Grazie. Ciao!

6 Home 1: the house & flat

la casa	(detached) house
la villetta bifamiliare	semi-detached house
la villetta in campagna	cottage
l'appartamento	flat, apartment
il monolocale	bedsit, studio apartment
il palazzo	block of flats/apartments
il piano	floor, storey
lo scantinato	basement
il muro, la parete	wall
il tetto	roof
la finestra	window
la portafinestra	French window
la persiana	shutter
il balcone	balcony
la terrazza	terrace/patio
l'ascensore (M)	lift, elevator
la porta (d'ingresso)	(front) door
l'ingresso	entrance/hall
il corridoio	corridor, hallway
le scale	stairs, staircase
il pianerottolo	landing
la stanza/la camera	room
il salotto	lounge, sitting room
il soggiorno	living room
la sala da pranzo	dining room
la camera (degli ospiti)	(spare) bedroom
la cucina (componibile)	(fitted) kitchen
la lavanderia	utility room
il bagno	toilet, bathroom
l'attico	loft, attic
il pavimento	floor
il soffitto	ceiling
il riscaldamento centrale	central heating
l'elettricità	electricity
il gas	gas
la cassetta delle lettere	letter box, mailbox (US)
la chiave	key
spazioso	spacious, large
minuscolo	tiny
moderno	modern
nuovo	new
vecchio	old

arredato	*furnished*
soleggiato	*sunny*
buio	*dark*
abbastanza	*quite*
infine	*at last*
completamente	*completely, entirely*
in tutto	*altogether*
all'interno	*inside*
all'esterno	*outside*
al piano di sotto	*downstairs*
al piano di sopra	*upstairs*
comprare	*to buy*
affittare	*to rent/let*
entrare	*to go/come in*
uscire	*to go/come out*
salire	*to go/come up*
scendere	*to go/come down*
rientrare (a casa)	*to go/come home*
dare su	*to overlook/open onto*
al primo/sesto piano	*on the first/sixth floor*
in primavera/estate/ autunno/inverno	*in (the) spring/(the) summer/ autumn/winter*
senza contare	*not counting*

Language in action

Savona
domenica 7 febbraio

Cara Lucia

Ho una bella notizia! Finalmente abbiamo trovato la casa dei nostri sogni! È abbastanza spaziosa, ci sono sette stanze in tutto, senza contare la soffitta e la cantina. C'è un grande salone con due portefinestre che danno su una terrazza soleggiata. La cucina è abbastanza grande e luminosa. è completamente attrezzata e c'è un pavimento in piastrelle molto carino. C'è poi una stanza un po' piccola che farà da studio. Abbiamo quattro camere da letto in tutto: la più grande, proprio di fronte al bagno, sarà la nostra. Stefano e Giulia avranno una camera per ciascuno, alla fine del corridoio e la quarta sarà la stanza degli ospiti. Vieni a trovarci questa primavera!
Un caro abbraccio
Paola

7 Home 2: the living room

i mobili	*furniture*
la tappezzeria	*wallpaper*
la moquette	*(fitted) carpet*
il tappeto	*rug*
la sedia	*chair*
la poltrona	*armchair*
il divano	*sofa, couch*
lo sgabello	*stool*
il tavolo	*table*
il tavolino	*coffee table*
la libreria	*bookcase*
il libro	*book*
il ripiano	*shelf*
lo scaffale	*shelf unit*
il piano(forte)	*piano*
il camino	*fireplace, mantlepiece*
il termosifone	*radiator*
il davanzale	*window sill*
il cuscino	*cushion*
la tenda	*curtain, drape*
il tessuto	*fabric*
la lampada	*lamp*
il paralume	*lampshade*
il quadro	*picture/painting*
la cornice	*frame*
lo specchio	*mirror*
l'orologio	*clock*
la pendola	*wall clock*
la pianta da appartamento	*houseplant*
i fiori	*flowers*
il vaso	*vase*
il soprammobile	*ornament*
il portacenere	*ashtray*
il televisore/la TV	*television, TV, telly*
l'impianto stereo	*stereo*
il lettore di CD	*CD player*
il CD/il compact-disc	*CD, compact disk*
il telefono	*telephone*
la segreteria telefonica	*answering machine*
il cambiamento	*change*

accogliente	*welcoming/cosy*
confortevole	*comfortable*
terribile	*awful, dreadful*
brutto	*ugly*
delizioso	*beautiful, delightful*
vicino a	*near*
a fianco di	*next to*
davanti a	*in front of*
dietro	*behind*
contro	*against*
recentemente	*recently*
essere comodo	*to be comfortable*
rilassarsi	*to relax*
sedersi	*to sit down*
alzarsi in piedi	*to stand up*
chiacchierare	*to chat*
cambiare	*to change*
(ri)dipingere	*to (re)paint*
tappezzare	*to wallpaper*
raccontare	*to tell (news, story)*
portare	*to bring*
spolverare	*to dust*
vieni a sederti!	*come and sit down!*
trovi?	*do you think so?*
non pochi	*quite a few*
racconta!	*tell me your news!*
prendere l'aperitivo	*to have an aperitif*

Language in action

- Ciao Francesca! Come stai?
- Ciao Patrizia. Ma che carino qui! Com'è accogliente casa tua!
- Trovi? Effettivamente abbiamo fatto parecchi cambiamenti.
- Che bella libreria, passerai tutto il tempo a spolverare questi libri!
- Sai, era nello studio di Michele e ha accettato di metterla in salotto solo a condizione che ci portassimo anche quell'orribile poltrona di pelle.
- Beh, non è così brutta, e quella pendola la trovo adorabile! Anche quel quadro non è male. La stanza è davvero diversa, avete cambiato la carta da parati?
- No, abbiamo cambiato le tende e aggiunto qualche lampada ... ah sì, e dei tappeti.
- Tutti questi fiori, questi soprammobili... mi piace molto.
- Vieni sediamoci vicino al camino, così stiamo più comode per chiacchierare.

8 Home 3: the dining room

il tavolo	*table*
la sedia	*chair*
la credenza	*sideboard, buffet* (US)
la colazione	*breakfast*
il pranzo	*lunch*
la cena	*dinner, supper*
la tovaglia	*tablecloth*
il tovagliolo	*napkin, serviette*
le posate	*cutlery*
il coltello	*knife*
la forchetta	*fork*
il cucchiaio	*(soup) spoon*
il cucchiaino	*teaspoon*
le stoviglie	*crockery, dishes*
il piatto liscio	*plate*
il piatto fondo	*soup plate*
il piatto	*dish*
la scodella	*bowl*
l'insalatiera	*salad bowl*
la zuccheriera	*sugar bowl*
la tazza	*cup*
la tazzina	*coffee cup*
il piattino	*saucer*
la teiera	*teapot*
la caffettiera	*coffee pot*
il bicchiere	*glass*
il sale	*salt*
il pepe	*pepper*
l'olio d'oliva	*olive oil*
il sottopiatto	*mat* (for hot dish)
la caraffa	*jug*
la bottiglia	*bottle*
il cestino del pane	*bread basket*
la candela	*candle*
il portacandele	*candlestick*
il vassoio	*tray*
in fretta/velocemente	*quickly*
lentamente	*slowly*
mangiare	*to eat*
bere	*to drink*
fare colazione	*to have breakfast*

pranzare	*to have lunch*
cenare	*to have dinner/supper*
preparare	*to prepare*
servire	*to serve*
portare	*to bring*
mettere	*to put*
prendere	*to take*
togliere	*to take off/away*
portare via	*to take away*
cominciare	*to start, begin*
terminare/finire	*to finish*
prima di fare	*before doing*
dopo aver fatto	*after doing*
essere impegnato a fare	*to be (busy) doing*
aver appena fatto	*to have just done*
cominciare a fare	*to start doing*
finire di fare	*to finish doing*
apparecchiare	*to set the table*
sparecchiare	*to clear the table*
mettersi a tavola	*to sit down to eat*
buon appetito!	*enjoy your meal!*
serviti/servitevi!	*help yourself/yourselves!*
servirsi di verdure	*to help oneself to vegetables*
passami il tuo piatto	*pass me your plate*
avete terminato?	*have you finished?*

Language in action

- È pronto! A tavola, bambini! Buon appetito!
- Ma chi ha apparecchiato? Mancano i cucchiai.
- Ha apparecchiato Sara, come sempre.
- Sara, porta i cucchiai e il cestino del pane che sta nella credenza.
- Marcello, bevi piano che ti va di traverso. E tu Maria, avvicina la sedia al tavolo.
- Mamma, Marcello mi ha punto con la forchetta!
- Marcello, smetti di dare fastidio a tua sorella e comincia a mangiare, da bravo.
- Mi dai un pezzo di pane, mamma?
- Non mangiare tanto pane e mangia la minestra. E voi, Sara e Maria, servitevi. Marcello passami il sale, per favore.
- Tieni mamma. Cosa c'è per secondo?
- Triglie con patate.
- Non mi piace il pesce.
- Pazienza, non siamo al ristorante.

9 Home 4: the kitchen

la cucina (elettrica/a gas)	*(electric/gas) cooker*
la cappa	*extractor hood*
gli elettrodomestici	*electrical appliances*
il forno	*oven*
il forno a microonde	*microwave oven*
il bollitore elettrico	*electric kettle*
il tostapane	*toaster*
il frigo(rifero)	*fridge*
il freezer	*freezer*
la lavastoviglie	*dishwasher*
la caldaia	*(central heating) boiler*
il lavello	*sink*
il rubinetto	*tap, faucet (US)*
il tavolo di cucina	*kitchen table*
il piano di lavoro	*work surface*
l'armadio-dispensa	*cupboard, closet*
il pensile	*wall unit*
la base	*base unit*
il cassetto	*drawer*
la maniglia	*handle, knob*
l'utensile (M)	*accessory*
la pattumiera	*bin, garbage can (US)*
il sacchetto della spazzatura	*bin liner*
il tagliere	*chopping board*
il tagliere per il pane	*breadboard*
il tegame	*saucepan*
il coperchio	*lid*
la padella	*frying pan*
la pentola a pressione	*pressure cooker*
l'insalatiera	*salad/mixing bowl*
il coltello	*knife*
il cucchiaio	*spoon*
le forbici	*scissors*
il colino	*sieve*
il colapasta (M)	*colander*
il barattolo	*storage jar*
la scatoletta/la lattina	*can*
l'apriscatole (M)	*can opener*
il cavatappi	*corkscrew*
l'apribottiglie (M)	*bottle-opener*
il pacchetto	*packet*
il tubetto	*tube*

la carta da cucina	kitchen paper
la carta stagnola	kitchen foil
il grembiule	apron
il telo asciugapiatti	tea towel
comodo	convenient
pratico	practical, handy
utile	useful
ben organizzato	well organized
pericoloso	dangerous
affilato	sharp
ordinato	tidy
ad incasso	built-in (hob, oven, etc.)
cucinare	to cook, do the cooking
usare	to use
lavare	to wash
pulire	to clean
asciugare	to wipe, dry
accendere il bollitore elettrico	to put the kettle on
cucinare	to do the cooking
essere disordinato	to be untidy
mettere in ordine la cucina	to tidy the kitchen
fare i piatti	to do the washing-up
aprire/chiudere il rubinetto	to turn on/off the tap
portare fuori la spazzatura	to take the bin out

Language in action

Una cucina componibile moderna ed accogliente per soli 5,000 euro!

Disponibile in 3 colori (salvia, panna, bianco), piano di lavoro in marmo o metallo a scelta.

Il modello base comprende i seguenti elementi:

- Base porta-lavello con due ante.
- Base con piano cottura in acciaio inossidabile.
- Colonna con forno ad incasso allineato al piano di lavoro.
- Pensili a giorno con un ripiano.
- Cassetti ad estrazione totale su guide metalliche.
- Cappa dotata di filtri in acciaio inossidabile lavabili in lavastoviglie.
- Colonna con frigorifero e freezer.

Vasta scelta di maniglie, rubinetti ed accessori.

i lavori domestici	*housework*
il compito	*job, task*
la donna delle pulizie	*cleaning lady*
l'aspirapolvere (F)	*vacuum cleaner*
la scopa	*(sweeping) brush*
la scopetta	*(hand)brush*
la paletta della spazzatura	*dustpan*
il manico	*handle*
la bacinella (per i piatti)	*(washing-up) bowl*
il secchio	*bucket*
lo strofinaccio	*duster*
i guanti da cucina	*rubber gloves*
la spugna	*sponge*
il detersivo per i piatti	*washing-up liquid*
i detergenti	*cleaning products*
il disinfettante	*disinfectant*
la varecchina	*bleach*
la bomboletta spray	*aerosol, spray can*
la cera	*(wax) polish*
il sacco	*bag*
il sacchetto della spazzatura	*bin liner*
la macchina	*machine*
la lavatrice	*washing machine*
la lavastoviglie	*dishwasher*
l'asciugatrice	*tumble drier*
il detersivo da bucato	*washing powder/liquid*
l'ammorbidente (M)	*fabric softener*
il cestino del bucato	*linen basket*
la corda del bucato	*washing line*
la molletta	*clothes peg*
il ferro da stiro	*iron*
l'asse da stiro	*ironing board*
la macchina da cucire	*sewing machine*
il pavimento	*floor*
il pavimento di mattonelle	*tiled floor, tiling*
la mattonella	*tile*
il vetro della finestra	*windowpane*
il grasso	*grease*
la polvere	*dust*
difficile	*difficult, hard*
facile	*easy*

umido/bagnato	*wet*
pulito	*clean*
sporco	*dirty*
stirato	*ironed*
secco	*dry*
meticolosamente	*thoroughly*
pulire	*to clean*
spazzare	*to sweep*
lucidare	*to polish*
passare la spugna	*to sponge*
spolverare	*to dust*
asciugare con un panno	*to wipe*
strofinare	*to rub*
bagnare	*to wet*
(lasciare) asciugare	*to dry*
riempire	*to fill*
svuotare	*to empty*
stirare	*to iron*
fare i lavori di casa	*to do the housework*
fare i piatti	*to wash up*
fare il bucato	*to do the washing*
stendere la biancheria	*to hang out the washing*
stirare	*to do the ironing*
pulire i vetri	*to clean the windows*
passare l'aspirapolvere	*to vacuum*
mettere in ordine	*to tidy*

Language in action

Lunedì
Passare l'aspirapolvere e spolverare i mobili.
Martedì
Fare il bucato (non scordare l'ammorbidente) e stendere la biancheria.
Pulire il bagno con la varecchina (strofinare meticolosamente).
Mercoledì
Pulire e riordinare la cucina. Pulire i vetri.
Giovedì
Passare l'aspirapolvere e lavare i pavimenti. Spolverare la libreria.
Venerdì
Spolverare e lucidare i mobili.
Stirare la biancheria.
Una volta al mese
Scongelare il freezer e lavare il frigo con l'aceto.
Dare la cera al parquet.

il cucchiaio (di legno)	*(wooden) spoon*
la cucchiaiata	*spoonful*
il cucchiaio da tavola	*tablespoon*
la teglia	*tin*
lo stampino	*mould*
il mattarello	*rolling pin*
l'ingrediente (M)	*ingredient*
l'impasto	*mixture*
il ripieno	*filling*
la pastella	*batter*
gli aromi	*herbs and spices*
le erbe aromatiche	*herbs*
la spezia	*spice*
lo spicchio d'aglio	*clove of garlic*
il pezzo	*piece*
la fetta	*slice*
il nocciolo	*stone, pit*
la buccia, la scorza	*skin, peel*
il tempo di cottura	*cooking/cooking time*
caldo	*hot*
freddo	*cold*
tiepido	*(luke)warm*
pronto	*ready*
fresco	*fresh*
congelato	*frozen*
in lattina	*canned*
cotto	*cooked*
crudo	*raw*
spesso/grosso	*thick*
sottile	*fine, thin*
liscio/omogeneo	*smooth*
liquido	*liquid*
tritato	*chopped, minced*
bene	*well, thoroughly*
piano/lentamente	*gently, slowly*
in fretta/velocemente	*quickly*
finemente	*finely*
cucinare	*to cook, do the cooking*
scaldare	*to heat*
raffreddare	*to cool*
bollire	*to boil*
(fare) sobbollire	*to simmer*

arrostire	*to roast*
friggere	*to fry*
cuocere alla griglia	*to grill, broil*
rosolare	*to brown*
far appassire	*to soften* (*in oil/butter*)
bruciare	*to burn*
accendere	*to light, turn on*
spegnere	*to turn off*
riempire	*to fill*
svuotare	*to empty*
preparare	*to prepare*
mescolare	*to mix*
battere	*to beat*
montare/sbattere	*to whip*
tagliare	*to cut*
tritare	*to chop/mince*
sbucciare	*to peel*
togliere	*to remove*
aggiungere	*to add*
condire	*to season*
scongelare	*to defrost, thaw*
servire	*to serve*
far cucinare qualcosa	*to cook something*
a fuoco vivo/basso/ medio	*on a high/low/medium heat*
cominciare a fare	*to start doing*
finire di fare	*to finish doing*
abbassare la fiamma	*to lower the heat*

Language in action

Biscottini per il the

Preparazione: 10 min.
Tempo di cottura: 10 min.

Dosi per 6 persone:
200 g. di farina
225 g. di burro
200 g. di zucchero
3 uova

Mescolare lo zucchero e la farina. Aggiungere il burro fuso e poi le uova mescolando fino ad ottenere un composto omogeneo. Imburrare gli stampini dei biscotti. Versare una cucchiaiata di impasto in ciascun stampino. Fare cuocere al forno, preriscaldato a 170°, per 10 minuti.

il letto	*bed*
l'armadio	*wardrobe, closet*
la lampada	*lamp*
la sveglia	*alarm clock*
la radiosveglia	*radio alarm*
il piumino	*duvet*
il copripiumino	*duvet cover*
la coperta	*blanket*
il lenzuolo con gli angoli	*(fitted) sheet*
il guanciale	*pillow*
la federa	*pillowcase*
il copriletto	*bedspread*
il bagno	*bathroom*
la vasca	*bath(tub)*
la doccia	*shower*
il lavandino	*handbasin*
il gabinetto	*toilet*
lo specchio	*mirror*
il rubinetto	*tap*
l'acqua calda/fredda	*hot/cold water*
la carta igienica	*toilet paper*
la spugna	*sponge*
il guanto di spugna	*flannel*
la saponetta	*soap*
l'asciugamano	*(bath) towel*
il tappetino del bagno	*bathmat*
il pettine	*comb*
la spazzola	*brush*
lo spazzolino da denti	*toothbrush*
lo spazzolino per le unghie	*nailbrush*
le forbici	*scissors*
le pinzette	*tweezers*
il rasoio	*razor*
l'asciugacapelli (M)	*hairdryer*
il dentifricio	*toothpaste*
il bagnoschiuma (M)	*bubble bath*
lo shampoo	*shampoo*
il deodorante	*deodorant*
la crema	*cream*
la schiuma da barba	*shaving foam*
la crema idratante	*moisturizer*
il trucco	*make-up*

presto	*early*
tardi	*late*
coricarsi	*to go to bed*
alzarsi	*to get up*
sdraiarsi	*to lie down*
addormentarsi	*to fall asleep*
svegliarsi	*to wake up*
dormire	*to sleep*
sognare	*to dream*
avere un incubo	*to have a nightmare*
avere sonno	*to be sleepy*
sbadigliare	*to yawn*
dormire fino a tardi	*to have a lie-in, to sleep late*
vestirsi	*to get dressed*
spogliarsi	*to get undressed*
farsi la doccia	*to have a shower*
farsi il bagno	*to have a bath*
lavarsi	*to wash (oneself)*
lavarsi i capelli	*to wash one's hair*
lavarsi i denti	*to clean one's teeth*
pettinarsi	*to comb one's hair*
radersi	*to shave*
truccarsi	*to put on one's make-up*
struccarsi	*to remove one's make-up*
mettere la sveglia	*to set the alarm clock*
buonanotte!	*goodnight!, sleep well!*
sogni d'oro!	*sweet dreams!*

Language in action

Simona: Ecco qua, i letti sono pronti. Se hai freddo ci sono delle coperte nell'armadio.

Carla: Bisognerà alzarsi presto domattina. Ci vorranno almeno due ore solo per prepararci, farci la doccia, truccarci, vestirci... sarà meglio che i capelli me li lavi stasera. A proposito, puoi prestarmi un pettine? Io ho scordato il mio.

Simona: Guarda, trovi tutto quello che ti può servire nella cassettiera. C'è anche un asciugacapelli. Lo shampoo e il bagnoschiuma sono lì sulla vasca e gli asciugamani nel cassetto sotto il lavandino. Metto la sveglia alle cinque. Buonanotte!

Carla: A domani. Sogni d'oro!

il giardino	*garden, yard* (US)
l'orto	*vegetable garden*
l'albero (da frutta)	*(fruit) tree*
il ramo	*branch*
l'arbusto	*shrub*
la pianta	*plant*
il fiore	*flower*
la foglia	*leaf*
l'aiuola	*flowerbed*
l'erba	*grass*
il prato all'inglese	*lawn*
le erbacce	*weeds*
la staccionata	*fence*
la siepe	*hedge*
il garage	*garage*
il capanno degli attrezzi	*shed*
la serra	*greenhouse*
la ghiaia	*gravel*
il terriccio	*soil*
l'attrezzo	*tool*
il tosaerba (M)	*lawnmower*
la carriola	*wheelbarrow*
la pala	*spade*
il rastrello	*rake*
l'annaffiatoio	*watering can*
il diserbante	*weedkiller*
il fertilizzante	*fertilizer*
l'animale da compagnia (M)	*pet*
il gatto	*cat*
il gattino	*kitten*
il cane	*dog*
il cucciolo	*puppy*
il cavallo	*horse*
il porcellino d'India	*guinea pig*
il topo	*mouse*
il criceto	*hamster*
il coniglio	*rabbit*
l'uccello	*bird*
il pappagallo	*parrot*
la cocorita	*budgie*
il pesce rosso	*goldfish*
la tartaruga	*tortoise*

l'insetto	insect
la mosca	fly
la zanzara	mosquito
l'ape (F)	bee
la vespa	wasp
il ragno	spider
maturo	ripe
rigoglioso	thriving
quadrato	square
ovale	oval
rettangolare	rectangular
rotondo	round
pulito	clean
selvatico/selvaggio	wild
scavare	to dig
piantare	to plant
coltivare	to grow/cultivate
rastrellare	to rake
annaffiare	to water
cogliere	to pick
spruzzare	to spray
sradicare	to pull up
pulire	to clean
tosare l'erba	to mow
tagliare	to cut
potare	to prune
avere il pollice verde	to have green fingers

Language in action

- Ciao Giovanni.
- Ciao Franco, ma com'è bello il tuo giardino! Devi proprio avere il pollice verde tu.
- Grazie Giovanni, si mi piace molto lavorare in giardino, anche se ci sono sempre tante cose da fare. Tosare l'erba, potare le siepi, sradicare le erbacce, annaffiare tutti i giorni...
- E cosa stai spruzzando su quelle piante?
- Questo è un fertilizzante, serve per far crescere le piante più rigogliose e più forti.
- E nella serra cosa coltivi?
- Ho piantato un po' di erbe aromatiche, mia moglie le usa molto in cucina. Se ti piace ti potrei regalare un vasetto di salvia.
- Grazie, la gradirei moltissimo. Ma come la devo curare?
- Devi solo proteggerla dal gelo e annaffiarla quando il terriccio è asciutto.

la festa	*party/festival*
la serata	*party/evening*
l'invito	*invitation*
l'ospite (M)	*host*
l'invitato	*guest*
la musica	*music*
il gruppo	*group, band*
il bicchiere	*glass*
il bicchiere di plastica	*plastic cup*
il tovagliolino (di carta)	*(paper) napkin*
la tovaglietta (di carta)	*(paper) tablecloth*
la bevanda	*drink*
la bibita	*soft drink*
il succo di frutta	*fruit juice*
gli alcolici	*alcohol*
la birra	*beer*
il vino rosso/bianco/rosato	*red/white/rosé wine*
lo champagne	*champagne*
lo spumante	*sparkling wine*
il pasto	*meal*
la cena	*dinner*
il tramezzino	*sandwich*
gli stuzzichini	*nibbles*
le patatine (confezionate)	*crisps*
la torta	*cake*
il compleanno	*birthday*
l'anniversario di matrimonio	*wedding anniversary*
il periodo delle feste	*the festive season*
la vigilia di Natale	*Christmas Eve*
il veglione di Capodanno	*New Year's Eve party*
il giorno di Natale	*Christmas day*
San Silvestro	*New Year's Eve*
il Capodanno	*New Year's Day*
l'Epifania	*Epiphany*
San Valentino	*St Valentine's Day*
il carnevale	*carnival*
il martedì grasso	*Shrove Tuesday*
la (domenica di) Pasqua	*Easter Sunday*
la festa della Mamma/del Papà	*Mother's/Father's Day*

la settimana santa	*Holy Week (Easter)*
invitare	*to invite*
rispondere	*to reply*
ringraziare	*to thank*
accogliere/ricevere	*to welcome, receive*
festeggiare	*to celebrate*
ballare	*to dance*
cantare	*to sing*
ascoltare	*to listen (to)*
bere	*to drink*
brindare	*to toast*
mangiare	*to eat*
divertirsi	*to enjoy oneself*
ridere	*to laugh*
sorridere	*to smile*
una festa mascherata	*a fancy-dress party*
mascherato da	*dressed up as*
mi piacerebbe	*I'd love to*
dipende	*it depends*
non voglio	*I don't want to*
non potrò venire	*I won't be able to come*
festeggiare	*to celebrate*
bere alla salute di qualcuno	*to drink to someone's health*
cosa bevi?	*what would you like to drink?*

Language in action

Salve ragazzi! Ho suddiviso i compiti per la nostra fantastica festa in maschera:

Mario:
- Spedire gli inviti (specificando che è una festa mascherata e che bisogna mascherarsi da antico romano).
- Scegliere la musica per ballare. Mi raccomando, niente musica stravagante.
- Telefonare ai vicini per avvertirli che ci sarà un po' di chiasso. O meglio ancora invitarli!

Piero: (siccome hai la macchina tu vai a fare la spesa)
- Comprare dei bicchieri di plastica e dei piatti di carta. E non scordare i tovagliolini!
- Comprare da bere: molta birra ma anche del vino e un po' di bibite (succhi di frutta, coca e acqua).
- Comprare anche da mangiare: pane, patatine, prosciutto, olive, stuzzichini, roba del genere.
Vi aiuterei volentieri ma devo lavorare. Però mi impegno a preparare i tramezzini. Ci divertiremo da matti!

15 Time expressions

il tempo	*time*
l'anno	*year*
il mese	*month*
la settimana	*week*
il giorno, la giornata	*day*
l'ora	*hour/time* (by the clock)
il minuto	*minute*
il secondo	*second*
l'orologio	*clock*
la sveglia	*alarm clock*
l'orologio (da polso)	*(wrist)watch*
la lancetta	*hand* (on clock, watch)
la mezzora	*half hour, half an hour*
il quarto d'ora	*quarter of an hour*
il mattino, la mattina	*morning*
il pomeriggio	*afternoon*
la sera	*evening*
la notte	*night*
il giorno dopo	*the day after*
il giorno prima	*the day/evening before*
il fine settimana	*weekend*
prossimo	*next*
scorso/passato	*last*
seguente	*following*
mezzogiorno	*midday, noon*
mezzanotte	*midnight*
oggi	*today*
domani	*tomorrow*
ieri	*yesterday*
dopodomani	*the day after tomorrow*
avantieri, ieri l'altro	*the day before yesterday*
dopo	*after*
prima	*before*
durante	*during*
fin da/sino da	*since*
già	*already*
presto	*soon*
recentemente	*recently*
immediatamente	*immediately, at once*
spesso	*often*
raramente	*rarely, seldom*
presto/di buon'ora	*early*
tardi	*late*

quanto	*how much/many*
quasi	*almost*
quando	*when*
la prossima/la scorsa settimana	*next/last week*
l'anno prossimo/scorso	*next/last year*
appena dopo/prima	*just after/before*
la vigilia della partita/il giorno dopo la partita	*the day before/day after the match*
che ore sono?	*what time is it?*
sono le dieci	*it's ten o'clock*
sono le dieci e mezza	*it's half past ten*
sono le dieci e un quarto	*it's quarter past ten*
sono le dieci meno un quarto	*it's quarter to ten*
alle dieci e venti	*at twenty past ten*
alle dieci meno venti	*at twenty to ten*
in/tra mezzora	*in half an hour*
in/tra un quarto d'ora	*in a quarter of an hour*
in/tra dieci minuti	*in ten minutes*
essere in anticipo	*to be early*
essere in ritardo	*to be late*
essere puntuale	*to be on time*
da quando?	*since when?*
da lunedì	*since Monday*
da quanto tempo abitate quì?	*how long have you been living here?*
siamo quì da cinque anni	*we've been here for five years*
lo conosco da tre anni	*I've known him for three years*
da quando abitiamo a Milano	*since we've been living in Milan*
la conosco dal 1990	*I've known her since 1990*
l'ho conosciuto nel 1996	*I met him in 1996*
ho lavorato per tre ore/cinque anni	*I worked for three hours/five years*
sei anni fa	*six years ago*

16 Shopping 1: shops

il negozio	*shop, store*
il grande magazzino	*department store*
il mercato	*market*
il supermercato	*supermarket*
l'ipermercato	*hypermarket*
il negozio di alimentari	*convenience store*
la macelleria	*butcher's (shop)*
la salumeria	*delicatessen*
la pescheria	*fishmonger's (shop)*
la latteria	*cheese shop/dairy*
il negozio di frutta e verdura	*greengrocer's*
la drogheria	*grocer's*
la panetteria	*baker's (shop)*
la pasticceria	*cake shop*
la confetteria	*sweetshop*
il negozio di macrobiotica	*healthfood shop*
l'enoteca	*wine merchant*
la tabaccheria	*tobacconist's (shop)*
la gioielleria	*jeweller's (shop)*
la libreria	*bookshop*
l'edicola	*newsagent's*
la cartoleria	*stationer's (shop)*
la farmacia	*pharmacy*
la merceria	*haberdashery*
il ferramenta	*ironmonger's (shop)*
il negozio di articoli sportivi	*sports shop*
il negozio d'arredamento	*furniture shop*
l'antiquario	*antique dealer*
il rigattiere	*junk shop*
la galleria d'arte	*art gallery*
il negozio d'abbigliamento	*clothes shop*
la profumeria	*perfumery*
il negozio di scarpe	*shoe shop*
il lavasecco	*dry cleaner's*
il calzolaio	*cobbler's*
il parrucchiere/la parrucchiera	*hairdresser*
l'ottico	*optician*
l'agenzia di viaggi	*travel agency*
l'agenzia immobiliare	*estate agent's*
la banca	*bank*
la cassa di risparmio	*savings bank*

il/la cliente	*customer*
il commesso/la commessa	*sales assistant*
il cassiere/la cassiera	*checkout assistant*
il gestore	*manager*
i saldi	*sales*
comprare, acquistare	*to buy*
aiutare	*to help*
cercare	*to look for, want*
scegliere	*to choose*
domandare	*to ask (for)*
pagare	*to pay (for)*
entrare	*to go/come in*
uscire	*to go/come out*
dal parrucchiere	*at the hairdresser's*
in farmacia	*in the pharmacy*
al supermercato	*in the supermarket*
fare spese	*to go shopping*
andare a vedere le vetrine	*to go window-shopping*
prendere un appuntamento	*to make an appointment*
in vendita qui	*on sale here*
chiuso per ferie	*closed for holidays*
orario d'apertura	*opening hours*
si prega di non toccare	*please do not touch*
prezzi stracciati	*rockbottom prices*
prezzi scontati/sconti	*reductions*

Language in action

Cose da fare oggi:
- spesa al supermercato - non dimenticare di comprare il detersivo per i piatti
- passare in macelleria ed al negozio di frutta e verdura
- passare in pasticceria ad ordinare una "millesfoglie" per il compleanno di Rosa
- prendere l'appuntamento dal parrucchiere
- passare all'edicola a prendere i giornali per Gianni
- andare dal calzolaio a ritirare le scarpe

17 Shopping 2: clothes

i vestiti	*clothes*
l'abbigliamento	*clothes, clothing*
la gonna	*skirt*
il vestito	*dress*
i pantaloni	*trousers, pants*
i jeans	*jeans*
i pantaloncini	*shorts*
la camicia	*shirt*
la camicetta	*blouse*
il pullover, il maglione	*sweater*
la maglia	*sweatshirt*
il gilé	*waistcoat*
la polo (F)	*polo shirt*
la giacca	*jacket*
il completo, l'abito	*suit* (man's)
il tailleur	*suit* (woman's)
la tuta da ginnastica	*tracksuit*
l'impermeabile (M)	*raincoat*
il cappotto	*coat, overcoat*
il pigiama (M)	*pyjamas*
la camicia da notte	*nightdress*
le mutandine	*knickers, panties*
gli slip	*underpants, shorts* (US)
i boxer	*boxer shorts*
il reggiseno	*bra*
il collant	*tights, pantyhose*
il calzino	*sock*
il costume da bagno	*swimsuit*
i calzoncini da bagno	*swimming trunks*
la manica	*sleeve*
il collo	*neck* (of garment)
la scarpa	*shoe*
la scarpa décolleté	*court shoe*
il mocassino	*loafer*
la scarpa da ginnastica	*trainer*
le scarpe da tennis	*trainers*
lo stivale	*boot*
la pantofola	*slipper*
la taglia	*size/waist (measurement)*
il numero (di scarpe)	*(shoe) size*
il camerino di prova	*fitting room*
la vetrina	*(shop) window*

i nuovi arrivi	*new arrivals*
a maniche corte/lunghe	*long/short-sleeved*
senza maniche	*sleeveless*
a collo alto	*polo-necked*
col tacco	*high-heeled*
foderato	*lined*
stretto	*tight*
attillato	*close-fitting*
largo	*loose*
imbottito	*padded/quilted*
troppo	*(much) too*
grande	*big*
piccolo	*small*
provare/misurare	*to try (on)*
cambiare (con)	*to exchange (for)*
consigliare	*to advise*
posso esservi d'aiuto?	*would you like any help?*
vuole dare un'occhiata?	*are you just looking?*
entrata libera	*please feel free to look round*
avete la taglia più grande/piccola?	*do you have the larger/ smaller size?*
andare a vedere le vetrine	*to go window-shopping*
pagare in contanti	*to pay cash*
pagare con l'assegno/la carta di credito	*to pay by cheque/card*
andare per negozi	*to go round the shops*
in fondo a	*at the back/bottom of*

Language in action

- Buongiorno, posso esservi d'aiuto?
- Sì, vorrei provare quel tailleur in vetrina.
- Certo, da questa parte, prego. I nuovi arrivi sono in fondo al negozio. Che taglia vuole, la 44?
- Magari la 46.
- Gliele do tutt'e due. I camerini di prova sono lì a destra. [...]
- Come ti sembra? La giacca è un po' stretta, no?
- No, per niente. La commessa ha ragione, la 46 non ti va bene, la gonna ti sta larga - perché non provi la giacca con la camicetta di seta che hai appena comprato?
- Hai ragione, è una buona idea. [...]
- Vedi, ti sta benissimo! Se ti sbrighi facciamo anche in tempo ad andare a vedere le scarpe!

l'accessorio	*accessory*
il foulard	*scarf (square)*
la sciarpa	*scarf (long)*
la cravatta	*tie*
il papillon	*bow tie*
il guanto	*glove*
il paio di guanti	*pair of gloves*
il cappello	*hat*
il berretto (di lana)	*(woolly) hat*
il fazzoletto	*handkerchief*
il fazzolettino di carta	*tissue*
la cintura	*belt*
la borsa	*bag*
la borsetta	*handbag, purse (US)*
il cestino	*basket*
la borsa della spesa	*shopping bag/basket*
la ventiquattrore	*briefcase*
la borsa a tracolla	*shoulder bag*
lo zainetto	*satchel-type bag*
il borsellino	*purse, change purse*
il portafoglio	*wallet, billfold*
il nécessaire	*toilet bag*
il portachiavi	*keyring*
la bigiotteria	*(costume) jewellery*
la collana	*necklace*
le catenina	*chain*
la perla	*pearl/bead*
la collana di perle	*string of pearls*
il ciondolo	*pendant*
l'orecchino	*earring*
la spilla	*brooch*
il braccialetto	*bracelet*
l'anello	*ring*
l'anello di fidanzamento	*engagement ring*
la fede	*wedding ring*
l'orologio (da polso)	*(wrist)watch*
il fermacapelli	*hairslide, barette (US)*
il cerchietto	*hairband*
il trucco	*make-up*
lo struccante	*make-up remover*
l'astuccio per il trucco	*make-up bag*
il fondotinta (M)	*foundation*

la cipria	face powder
il rossetto	lipstick
il fard	blusher
il trucco per occhi	eye make-up
l'ombretto	eye shadow
il mascara (M)	mascara
lo smalto	nail varnish
l'acetone (M)	nail varnish remover
gli articoli da toilette	toiletries
la crema idratante	moisturizer
la crema per le mani	hand cream
il profumo	perfume
l'eau de toilette (F)	toilet water
il dopobarba (M)	after-shave
la crema/la schiuma da barba	shaving cream/foam
il sapone, la saponetta	soap
lo shampoo	shampoo
il balsamo	conditioner
la tintura per capelli	hair dye
la lacca	hairspray
il pettine	comb
la spazzola per capelli	hairbrush
l'asciugacapelli (M)	hairdryer
il bagnoschiuma (M)	bubble bath
il docciaschiuma (M)	shower gel
il deodorante	deodorant
il dentifricio	toothpaste
lo spazzolino da denti	toothbrush
la crema depilatoria	hair-removing cream
le pinzette	tweezers
le forbicine	scissors
la limetta per le unghie	nail file
il cotone idrofilo	cotton wool
il cottonfioc™	cotton bud

truccarsi	to put on one's make-up
struccarsi	to remove one's make-up
spazzolarsi/lavarsi i capelli	to brush/wash one's hair
tingersi i capelli	to dye one's hair

un foulard di seta	a silk scarf
una cintura di cuoio	a leather belt
un braccialetto d'oro/ d'argento	a gold/silver bracelet

19 Shopping 4: groceries

il caffè (macinato)	(ground) coffee
il caffè in chicchi	coffee beans
il caffè solubile	instant coffee
la cioccolata istantanea	drinking chocolate
il tè	tea
il vino	wine
la birra	beer
gli alcolici	spirits
il succo di frutta/d'arancia	fruit/orange juice
l'acqua minerale	mineral water
il biscotto	biscuit, cookie
i cereali	cereal(s)
la confettura	jam, jelly (US)
la marmellata d'arance	marmalade
il miele	honey
il riso	rice
gli spaghetti	noodles/spaghetti
la pasta	pasta
le lenticchie	lentils
la farina	flour
lo zucchero	sugar
il sale	salt
il pepe	pepper
l'aceto	vinegar
l'olio d'oliva/di semi di girasole	olive/sunflower oil
la maionese	mayonnaise
le erbe aromatiche	herbs and spices
i cibi in scatola	canned goods
le acciughe	anchovies
i dolci	sweets
il cioccolato	chocolate
il concentrato di pomodoro	tomato purée
i cetriolini sottaceto	gherkins
le sardine	sardines
la salsa di pomodoro	tomato sauce
la frutta secca	dried fruit
gli alimenti per la prima infanzia	baby food
gli alimenti per animali	pet food
il pacchetto	pack

la cassa	checkout/till
il cassiere/la cassiera	checkout assistant
il carrello	trolley, cart (US)
il cestello	basket
l'ingresso	entrance
la scala mobile	escalator
il parcheggio	car park
il ripiano	shelf
il banco dei formaggi	the cheese counter
il reparto dei vini	the wine section
l'uscita	exit
l'uscita di sicurezza	emergency exit

pesante	heavy
leggero	light
abbastanza (di)	enough (of)
molto (di)	a lot (of)
troppo (di)	too much (of)

in offerta speciale	on special offer
passare alla cassa	to go to the checkout
fare la fila	to queue
può aiutarmi/dirmi?	can you help/tell me?

Language in action

Annamaria: Prendiamo un cestello o un carrello?
Luisa: Prendiamo un cestello per ciascuna. Piove, così non dobbiamo riportare il carrello nel parcheggio. Hai la lista della spesa?
- Eccola! Ci separiamo così facciamo più in fretta?
- D'accordo! Io mi occupo della frutta e della verdura, del pane e del cibo in scatola e tu del resto. Ci ritroviamo al banco dei formaggi per fare la fila.
[Venti minuti più tardi]
Luisa: Eccoti qua finalmente! Cosa stavi facendo? Hai incontrato qualcuno?
Annamaria (un po' imbarazzata): No. Cioè... C'erano delle offerte speciali.
- Vedo, questo spiega perché il tuo cestello è pieno zeppo. Vediamo cosa c'è... quattro pacchetti di patatine, due barattoli di olive, sei scatole di cereali, dodici tavolette di cioccolato, cinque piatti pronti, tre litri di olio d'oliva. Ti sei scordata di prendere il riso, il caffè, lo zucchero e la farina? Ah no, eccoli qua. Allora andiamo alla cassa?
- D'accordo, ma evitiamo di passare nel reparto dei dolci, ho già comprato tante cose e ai dolci non so proprio resistere.

la verdura	*vegetables*
la cipolla	*onion*
l'aglio	*garlic*
la patata	*potato*
la carota	*carrot*
il porro	*leek*
i piselli	*peas*
il cavolo	*cabbage*
il sedano	*celery*
il prezzemolo	*parsley*
il basilico	*basil*
il fungo	*mushroom*
il broccolo	*broccoli*
il cavolino di Bruxelles	*Brussels sprout*
il cavolfiore	*cauliflower*
gli spinaci	*spinach*
i fagiolini	*green beans*
la fava	*broad bean, lima bean (US)*
la zucchina	*courgette, zucchini (US)*
la lattuga	*lettuce*
l'insalata belga	*Belgian endive*
la scarola	*curly endive*
il peperone rosso/verde	*red/green pepper*
la melanzana	*aubergine, eggplant (US)*
il carciofo	*artichoke*
gli asparagi	*asparagus*
il pomodoro	*tomato*
il cetriolo	*cucumber*
l'avocado	*avocado*
il mais	*sweetcorn*
la frutta	*fruit*
la mela	*apple*
la pera	*pear*
la banana	*banana*
la susina	*plum*
la prugna	*prune*
l'albicocca	*apricot*
l'uva	*grapes*
la ciliegia	*cherry*
la pesca	*peach*
la nettarina, la pescanoce	*nectarine*

il melone	melon
l'anguria	water melon
la fragola	strawberry
il lampone	raspberry
il fico	fig
l'arancia	orange
la clementina, il mandarancio	clementine
il mandarino	mandarin
il pompelmo	grapefruit
il limone	lemon

bello	beautiful, lovely
di ottima qualità	high-quality
saporito	nice (in taste)
fresco	fresh
maturo	ripe
marcio	rotten
caro	expensive
novello	new
a buon mercato	cheap
di agricoltura biologica	organic

a quanto è/sono...?	what is the price of...?
quanto/quanti ne vuole?	how much/many would you like?
desidera altro?	would you like anything else?
qualcos'altro?	anything else?
basta così, grazie	that's all, thanks

Language in action

- Buongiorno signor Nino.
- Buongiorno signora Costanza. Mi dica.
- Vorrei un chilo di pomodori, non troppo maturi ma neanche verdi.
- Guardi questi come sono belli.
- Sì, vanno bene. A quanto sono le mele?
- Queste sono a buon mercato, solo 2 euro al chilo.
- Me ne dia due chili. E due lattughe, tre chili di patate novelle e tre porri. Sono buone le fragole?
- Certo signora, qui tutto è di ottima qualità.
- Ma l'ultima volta non sapevano di niente.
- Assaggi questa, vedrà com'è buona.
- Mmm, sì è molto saporita. Me ne dia sei etti.

la carne	meat
la carne tritata/macinata	mince
il manzo	beef
la vitella	veal
l'agnello	lamb
il maiale	pork
il pollo	chicken
il tacchino	turkey
l'anatra	duck
la (gallina) faraona	guineafowl
il coniglio	rabbit
il fegato	liver
il fegatino di pollo	chicken liver
il rognone	kidney
la pancetta affumicata	smoked streaky bacon
il prosciutto cotto	ham
il prosciutto crudo	cured raw ham
la salsiccia	sausage
il salame	salami
il sanguinaccio	black pudding
la bistecca	T-steak
la fettina	thin steak
il filetto	fillet steak
la coscia di pollo	chicken leg
il petto di pollo	chicken breast
la pancetta di maiale	belly of pork
la costoletta d'agnello	lamb chop
il cosciotto d'agnello	leg of lamb
il pesce	fish
il merluzzo	cod
la triglia	red mullet
la sardina	sardine
l'acciuga	anchovy
il pagello	red bream
l'orata	sea bream
la spigola	sea bass
il salmone (affumicato)	(smoked) salmon
la trota	trout
il tonno	tuna
i frutti di mare	shellfish
il gambero	prawn
l'aragosta	lobster
il granchio	crab

l'ostrica	*oyster*
la cozza	*mussel*
la vongola	*clam*
i latticini	*dairy products*
il latte	*milk*
il latte intero/scremato/ parzialmente scremato	*full-cream/skimmed/semi- skimmed milk*
la panna liquida/da montare	*single cream/whipping cream*
il burro	*butter*
la margarina	*margarine*
il formaggio	*cheese*
lo yogurt	*yoghurt*
l'uovo	*egg*
il vegetariano/la vegetariana	*vegetarian*
la ricetta	*recipe*
il pane	*bread*
il panino	*bread roll*
il pane integrale	*wholemeal bread*
crudo	*raw*
cotto	*cooked*
affumicato	*smoked*
di gusti difficili	*difficult/fussy*
praticamente	*practically, almost*
di allevamento a terra	*free-range*

Language in action

- Hai finito?
- Quasi. Devo passare solo in macelleria.
- Ma come, non sei vegetariano?
- Sì, ma da quando ho raccolto un gatto randagio, l'estate scorsa, praticamente spendo in carne e pesce per lui quanto spendo per i miei pasti! Sai, all'inizio Yomo mangiava di tutto, poi è diventato di gusti estremamente difficili e non mangia altro che petti di pollo e sardine. Tra un po' dovrò compragli il filetto... Il colmo è che quando la mia vicina fa del pollo o del pesce, quel mascalzone ha la faccia tosta di andare da lei a elemosinare da mangiare!

l'attrezzo	*tool*
il cacciavite	*screwdriver*
il martello	*hammer*
lo scalpello	*chisel*
la chiave inglese	*spanner, monkey wrench*
le pinze	*pliers*
il trapano (elettrico)	*(electric) drill*
la spina	*plug*
la sega	*saw*
la pialla	*plane*
le forbici	*scissors*
il pennello	*paintbrush*
il rullo	*roll/roller*
la scala a libretto	*stepladder*
il chiodo	*nail*
la vite	*screw*
il fil di ferro	*wire*
il buco	*hole*
la colla	*glue*
il cemento	*cement*
l'intonaco	*plaster*
lo sverniciante	*paint stripper*
la carta vetrata	*sandpaper*
la pittura ad acqua	*emulsion paint*
lo smalto	*gloss paint*
la vernice	*varnish*
la carta da parati	*wallpaper*
la mattonella	*floor tile*
la piastrella	*tile*
il legno	*wood*
la plastica	*plastic*
il metallo	*metal*
l'acciaio	*steel*
l'acciaio inox	*stainless steel*
il ferro	*iron*
il rame	*copper*
l'ottone	*brass*
le misure	*measurements*
la larghezza	*width*
la lunghezza	*length*
l'altezza	*height*
il vetro	*glass*

spesso/grosso	*thick*
fine, sottile	*fine, thin*
stretto	*narrow*
largo	*wide*
lungo	*long*
corto	*short*
resistente	*tough*
impermeabile	*waterproof*
a tenuta stagna	*watertight*
costruire	*to build, construct*
montare	*to put up, put together*
assemblare	*to put together, assemble* (kit)
installare	*to install, put in*
misurare	*to measure*
tagliare	*to cut*
segare	*to saw*
incollare	*to glue*
avvitare	*to screw*
riparare	*to repair*
utilizzare	*to use*
fare un buco col trapano	*to drill a hole*
un'asse di un metro di lunghezza	*a piece of wood a metre long*
una festicciola per inaugurare la casa	*a house-warming*

Language in action

Lunedì mattina in ufficio:

- Hai l'aria stanca. Com'è andata l'installazione della cucina nuova?
- Beh, tutto considerato è andata abbastanza bene, ma non credevo che ci sarebbe voluto tutto quel tempo. Per fortuna degli amici si sono offerti di darmi una mano. L'operaio ha finito di posare le piastrelle soltanto giovedì, quindi abbiamo dovuto aspettare fino a venerdì sera per cominciare a pitturare. Sabato ho dovuto prendere in prestito un'altra scala a libretto dal vicino per poter mettere la carta da parati più in fretta e lui gentilmente si è offerto di aiutarci ad assemblare i pensili. Pensavo che sarebbe stato difficile fare i buchi nel muro col trapano, ma non immaginavo il resto! Abbiamo dovuto segare, piallare... un incubo. Finalmente abbiamo terminato. E a proposito, sabato sera sei invitato alla festicciola per inaugurare la casa.

il televisore	*television*
la tele*	*TV, telly*
la TV via cavo	*cable television*
lo schermo	*screen*
il telecomando	*remote control*
il canale	*channel*
il programma	*programme*
il documentario	*documentary*
la serie televisiva	*series*
la soap opera, la telenovela	*soap*
il film	*film*
la rappresentazione teatrale	*play*
le notizie	*news*
il notiziario	*news programme*
il programma sportivo	*sports programme*
le previsioni del tempo	*weather forecast*
la pubblicità	*adverts*
il videoclip	*pop video*
il cartone animato	*cartoon*
il presentatore/la presentatrice	*presenter*
il comico	*comedian*
il videoregistratore	*VCR*
la radio	*radio*
il walkman™	*personal stereo*
il CD/il compact disc	*CD, compact disk*
il lettore di CD	*CD player*
l'impianto stereo	*stereo*
la piastra di registrazione	*cassette deck*
il registratore	*cassette recorder*
la musica classica	*classical music*
l'opera	*opera*
la musica pop	*pop music*
il jazz	*jazz*
il rock	*rock*
il rap	*rap*
il gruppo	*group/band*
il/la cantante	*singer*
il/la musicista	*musician*
l'interpretazione	*performance*
buono	*good*
interessante	*interesting*

celebre, famoso	*famous, well-known*
fantastico	*great*
favoloso	*fabulous*
divertente	*funny*
comico	*hilarious*
favorito/preferito	*favourite*
commovente	*moving*
convincente	*convincing*
brutto/scadente	*bad*
noioso	*boring*
terribile	*awful, terrible*
schifoso*	*terrible, rubbish* (adj)
prima	*before*
dopo	*after*
durante	*during*
bene	*well*
ascoltare	*to listen (to)*
sentire	*to hear*
guardare	*to watch, look at*
vedere	*to see*
apprezzare	*to appreciate*
preferire	*to prefer*
detestare	*to hate, detest*
mancare di	*to lack*

Language in action

Roberto (13 anni) - Che muso lungo sorellina! Cosa c'è che non va?
Patrizia (10 anni) - Papà e mamma vanno a teatro. E Alessandra
viene a farci da baby-sitter!
- Ah no! Di nuovo! Non abbiamo bisogno di lei, non siamo più dei
poppanti. E oltretutto mi irrita che si dia tante arie con quella sua
musica classica.
- Lucia non è meglio, non ti sente mai quando parli con lei, ha
sempre quel walkman nelle orecchie!
- D'accordo, ma almeno lei non ci obbliga a sentire la sua musica o
a guardare i suoi programmi preferiti. Stasera ci dovremo
accontentare di un documentario e alle nove Alessandra ci
manderà a letto per guardarsi in santa pace i suoi stupidi
programmi. Che noia! Ma tra qualche anno sarò io che farò da
baby-sitter e ci potremo guardare i video clip e le telenovelas tutta
la notte o noleggiare dei film dell'orrore.

il cinema (M)	cinema
il film	movie, film
il film poliziesco/giallo	detective movie/thriller
il film dell'orrore	horror movie
il film d'avventura	adventure movie
il cartone animato	cartoon
lo spettacolo	show, showing
i sottotitoli	subtitles
il pubblico	audience
lo spettatore/la spettatrice	spectator
l'attore/l'attrice	actor/actress
il personaggio	character
i buoni	goodies
i cattivi	baddies
l'eroe/l'eroina	hero/heroine
la trama	plot
il ruolo	role
la scena	scene
il/la regista	director
la regia	direction
il teatro	theatre
il palcoscenico	stage
il sipario	curtain
le quinte	wings
l'orchestra	orchestra
la platea	stalls
la galleria	circle
il loggione	gallery
il palco	box
il posto	seat (theatre, cinema)
il botteghino	booking office
il guardaroba (M)	cloakroom
l'ingresso degli artisti	stage door
l'opera teatrale	play
la rappresentazione	performance
la produzione	production (in cinema)
la messa in scena	production (in theatre)
il balletto	ballet
la danza	dance/dancing
la commedia	comedy
la tragedia	tragedy
l'artista (M/F)	performer

il ballerino/la ballerina	*dancer*
la ballerina classica	*ballerina*
il bis	*encore*
l'opera	*opera*
il teatro dell'opera	*opera house*
la sala da concerti	*concert hall*
il concerto	*concert*
il circo	*circus*
il pagliaccio	*clown*
la discoteca	*disco*
il locale notturno	*nightclub*
la pista (da ballo)	*dance floor*
duro	*hard-hitting*
difficile	*difficult*
commovente	*moving*
inquietante	*disturbing*
sorprendente	*surprising, astonishing*
deludente	*disappointing*
realistico	*realistic*
basato su	*based on*
fedele a	*faithful to*
sottotitolato	*subtitled*
doppiato	*dubbed*
in lingua originale	*with original soundtrack*
un successo di cassetta	*a box-office success*
avere successo	*to be successful*
recitare	*to act*
dove ci troviamo?	*where shall we meet?*
diamoci appuntamento davanti al cinema	*we'll meet outside the cinema*
passo a prenderti	*I'll call round for you*
mi è piaciuto moltissimo	*I really liked it*

Language in action

Kamal è l'ultimo film di Ishan Kocyigit, il giovane regista turco che ha ottenuto un grande successo allo scorso festival di Cannes. Diciamo subito che *Kamal* è un film duro e lo spettatore potrebbe trovare troppo inquietanti alcune scene, ma si tratta senza dubbio di un film di grande spessore artistico. Non è una delle grandi produzioni holliwoodiane, non ci troverete i buoni e i cattivi, ma la trama è intelligente e il difficile tema dell'emigrazione clandestina è trattato con onestà e delicatezza. Bravi anche gli attori, quasi tutti sconosciuti. Il fatto che sia un film in lingua originale con sottotitoli può servire a spiegare perché non abbia raggiunto il successo di cassetta che senz'altro merita.

la lettura	*reading*
lo scrittore/la scrittrice	*writer*
l'autore/l'autrice	*author*
il redattore/la redattrice	*editor*
l'editore (M)	*publisher*
il lettore/la lettrice	*reader*
il giornale	*newspaper*
il giornalismo	*journalism*
il/la giornalista	*journalist*
il reporter	*reporter*
il/la corrispondente	*correspondent*
la stampa	*press*
i giornali (seri)	*(quality) press*
i giornali scandalistici	*tabloid press*
la rivista	*magazine*
la rivista d'attualità/ d'informatica	*current affairs/computer magazine*
la rivista patinata	*glossy magazine*
la rivista femminile	*women's magazine*
la rivista di moda	*fashion magazine*
l'abbonamento	*subscription*
i titoli	*headlines*
l'articolo	*article*
l'editoriale (M)	*editorial*
la rubrica	*section, column*
gli affari	*business*
la politica	*politics*
l'attualità	*current affairs*
la pagina sportiva	*sports page*
gli annunci economici	*small ads*
la recensione	*review*
le parole crociate	*crossword(s)*
il fumetto	*comic strip/book*
la foto	*photo*
il problema (M)	*problem*
il libro	*book*
la narrativa	*fiction*
il romanzo	*novel*
la fantascienza	*science-fiction, sci-fi*
il romanzo giallo	*detective novel*
la biografia	*biography*
l'autobiografia	*autobiography*

la storia	story/history
il titolo	title
la copertina	cover
quotidiano	daily
settimanale	weekly
mensile	monthly
recente	recent
vero	true
reale	real
completo	detailed, full
inventato	fictional
serio	serious
commovente	moving
appassionante	exciting, absorbing
assurdo	absurd
ridicolo	ridiculous
scandalistico	sensational
speciale	special
particolare	particular
leggere	to read
descrivere	to describe
raccontare	to relate, tell
abbonarsi	to subscribe
una notizia da prima pagina	front page news
si tratta di...	it's about...
mantenersi aggiornato	to keep up to date

Language in action

- Che tipo di letture preferisce? Letteratura classica? Contemporanea?
- Ho imparato ad apprezzare entrambe, specialmente grazie ai miei ruoli in teatro. Sono un lettore onnivoro, diciamo così. Leggo di tutto - giornali, riviste, romanzi, saggi...- e tutti i giorni, secondo un rito praticamente immutabile.
- Interessante. Ci racconti come si svolge la sua giornata tipo.
- Le riviste a cui sono abbonato arrivano con la posta del mattino e sono dunque le prime che leggo.
- Non comincia con le recensioni?
- No, quelle le lascio di solito al primo pomeriggio, subito dopo i quotidiani. Prima di recarmi in teatro mi sprofondo nella lettura di un saggio, di preferenza filosofico. Trovo che sia di grande aiuto per la concentrazione. Infine, al termine della rappresentazione, mi distendo leggendo un buon romanzo.

il gruppo	group, band
l'orchestra	orchestra
il/la musicista	musician
il direttore d'orchestra	conductor
il compositore	composer
il cantautore/la cantautrice	songwriter
il paroliere	lyricist
lo strumento	instrument
lo strumento a corda/a fiato	string/wind instrument
il flauto dolce	recorder
il flauto traverso	flute
il clarinetto	clarinet
l'oboe (M)	oboe
il fagotto	bassoon
il violino	violin
la viola	viola
il violoncello	cello
il contrabbasso	double bass
la tromba	trumpet
il trombone	trombone
il sassofono	saxophone
il clarinetto	clarinet
il piano(forte)	piano
l'organo	organ
le percussioni	percussion
l'arpa	harp
la chitarra (acustica/elettrica)	(acoustic/electric) guitar
il basso	bass guitar
il walkman™	personal stereo
il tamburo	drum
la batteria	drums
la batteria elettrica	drum machine
il/la pianista	pianist
il/la violinista	violinist
il/la chitarrista	guitarist
il/la bassista	bass player
l'archetto	bow
la corda	string
il tasto	key (on keyboard)
l'aria	aria
la melodia	melody
il timbro	tone

il ritmo	rhythm
la canzone	song
il coro	choir
il cantante lirico	opera singer
il soprano	soprano
il contralto	contralto
il tenore	tenor
il baritono	baritone
il basso	bass
le parole	words, lyrics
l'opera	opera
il libretto	libretto
lo spartito	score
l'accompagnamento	accompaniment
la tastiera (elettronica)	(electronic) keyboard
il compact disc	compact disk
l'incisione (F)	recording

melodioso	melodious
armonioso	harmonious

la rivelazione del mese	the discovery of the month
una inesauribile miniera di	an inexhaustible source of
riscuotere un discreto successo di critica	to score a success with the critics
una formazione classica	a classical training
un'etichetta discografica indipendente	an independent record label
essere intonato/stonato	to sing in tune/out of tune

Language in action

La rivelazione del mese

Il gruppo *Bonsai* rappresenta una delle piacevoli sorprese dell'ultima edizione del festival *Musica Insieme*, che si riconferma come inesauribile miniera di talenti. Ex-bassista del gruppo *Mistral*, Lorenzo aveva già riscosso un discreto successo di critica come solista con il suo primo album, uscito lo scorso anno per un'etichetta discografica indipendente. Vestiti i panni di cantautore, ha creato delle melodie che si adattano pefettamente al suo inimitabile timbro di voce. Valeria, che ha alle spalle una formazione classica come violinista, ha abbandonato il Conservatorio per dedicarsi allo studio della musica barocca. Insieme, i due esplorano le varie facce della musica etnica e ogni pezzo rivela un nuovo orizzonte: dai richiami jazz al buon vecchio reggae passando per i canti gregoriani e le melodie delle musiche tribali, il tutto è fuso magistralmente in un album che non dovrebbe mancare nella vostra collezione.

il gioco	*game*
le carte	*cards*
gli scacchi	*chess*
il backgammon	*backgammon*
la dama	*draughts*
il gioco di società	*board game*
lo Scarabeo™	*Scrabble™*
il biliardo	*pool/snooker*
il bowling	*bowling*
il quiz	*quiz*
la lettura	*reading*
le parole crociate	*crossword(s)*
la musica	*music*
il disegno	*drawing*
la pittura	*painting*
la ceramica	*pottery*
il modellismo	*model-making*
il kit	*kit*
la collezione	*collection*
la fotografia	*photography*
la macchina fotografica	*camera*
il fai da te, il bricolage	*DIY*
la cucina	*cooking*
il cucito	*sewing*
il ricamo	*embroidery*
la maglia	*knitting*
la danza	*dancing*
lo sport	*sport*
la sfida	*challenge*
il computer	*computer*
lo schermo	*screen*
il mouse	*mouse*
la tastiera	*keyboard*
il disco rigido, l'hard disk	*hard disk*
il dischetto	*diskette*
il CD ROM	*CD ROM*
il DVD	*DVD*
il gioco per PC	*computer game*
il videogioco	*video game*
il joy-pad	*joy-pad*
il joystick	*joystick*

collezionare	to collect
cucire	to sew
fare la maglia	to knit
cucinare	to cook
giocare	to play
dipingere	to paint
cantare	to sing
costruire	to build, construct
mi piace...	I like...
giocare a carte	to play cards
fare una partita a carte/a dama	to have a game of cards/draughts
suonare uno strumento	to play an instrument
cantare in un coro	to sing in a choir
collezionare francobolli	to collect stamps
lavorare il legno	to do carpentry
guardare la TV	to watch TV
ascoltare la radio	to listen to the radio
ascoltare la musica	to listen to music
lanciare i dadi	to throw the dice
dare le carte	to deal the cards
fare escursionismo	to go walking
fare sport	to do sport
fare arrampicate	to do rock climbing
la mia perseveranza nel fare	my dogged insistence on doing
è inutile...	there's no point in...
il tuo è un caso disperato	you're a hopeless case

Language in action

Qualche consiglio...
- Mi raccomando, durante il colloquio, sottolinea il fatto che sei un vero sportivo, che non perde mai occasione per andare a correre, a nuotare e digli anche che ti sei iscritto ad una palestra.
- È ridicolo! Tu sai benissimo che io non pratico nessuno sport, piuttosto passo la maggior parte del mio tempo leggendo libri ed ascoltando musica. In una palestra poi l'unica cosa che mi potrebbe attirare è la sauna.
- E va bene! Cerchiamo di non allontanarci troppo dalla verità, almeno fai lo sforzo di far vedere che ti piacciono le sfide, la competizione, sai quanto ci tengono alla Multisport!
- D'accordo. Gli descriverò il piacere che provo ogni settimana a batterti a Scarabeo e la mia perseveranza nel cercare di coltivare fiori nel terreno arido del giardino.
- Vedo! Inutile insistere. Il tuo è un caso disperato.

il ristorante	*restaurant*
la pizzeria	*pizza restaurant*
il fast-food	*fast food*
lo snack	*snack*
il tramezzino (al prosciutto)	*(ham) sandwich*
il cameriere/la cameriera	*waiter/waitress*
il sommelier	*wine waiter*
il menu a prezzo fisso	*fixed price menu*
il menu	*menu*
il conto	*bill*
la mancia	*tip*
il coperto	*place-setting*
il piatto	*plate*
la forchetta	*fork*
il coltello	*knife*
il cucchiaio	*spoon*
il bicchiere	*glass*
l'aperitivo	*pre-meal drink, aperitif*
il vino bianco/rosso/rosato	*white/red/rosé wine*
la caraffa del vino	*jug of wine*
la birra (alla spina)	*(draught) beer*
la caraffa dell'acqua	*jug of water*
l'acqua minerale	*mineral water*
il pane	*bread*
gli antipasti	*starters*
la minestra (di verdure)	*(vegetable) soup*
l'insalata mista	*assorted vegetable salad*
l'insalata di pomodori	*tomato salad*
l'insalata verde	*green salad*
il piatto del giorno	*today's special*
il piatto principale	*(main) course*
le specialità locali	*local specialities*
la carne	*meat dishes*
la grigliata	*grills*
la costoletta	*chop*
la pizza	*pizza*
la salsa	*sauce*
il pesce	*fish*
le verdure	*vegetables*
le patate fritte	*chips, fries*
il piatto dei formaggi	*cheese tray*
i pasticcini	*tarts and pastries*
la torta	*cake*

il gelato	*ice cream*
il gusto	*flavour*
la frutta	*fruits*
la macedonia di frutta	*fruit salad*
i funghi porcini	*ceps*
i bagni	*toilet(s)*
a puntino	*medium rare*
al sangue	*very rare*
ben cotto	*well-done*
al forno	*baked*
da asporto	*to take away*
ordinare	*to order*
desiderare	*to want*
provare	*to try*
assaggiare/sapere di	*to taste*
pagare	*to pay*
prenotare/riservare	*to book*
servire	*to serve*
versare	*to pour*
volete ordinare?	*are you ready to order?*
servizio incluso	*service included*
tu cosa prendi?	*what are you having?*
io prendo la pizza capricciosa	*I'm going to have pizza capricciosa*
scusi!	*excuse me!* (to waiter/waitress)

Language in action

In pizzeria

- Buonasera signori, volete il menu?
- Si grazie, e mentre decidiamo ci porta due birre alla spina, per piacere.
- Certo signori, arrivano subito.
- Tu Piero cosa prendi?
- Mah, sono indeciso tra una capricciosa e una quattro stagioni. Sicuramente delle patatine fritte. E tu Franco?
- Io di solito prendo la quattro formaggi ma oggi penso che cambierò. Ho voglia di una marinara, e magari di un'insalata verde.
- Signori ecco le birre, volete ordinare?
- Allora una capricciosa, una marinara, un'insalata verde e patatine fritte.
- Benissimo. Nient'altro?
- No grazie, va bene così.

l'edificio	*building*
il monumento	*historic building*
il palazzo	*block/building*
il palazzo di uffici	*office block*
il grattacielo	*skyscraper*
il parcheggio (sotterraneo)	*(underground) car park*
il ponte	*bridge*
l'albergo, l'hotel (M)	*hotel*
il negozio	*shop*
il mercato	*market*
il centro commerciale	*shopping centre, shopping mall*
la stazione	*station*
la stazione della metropolitana	*underground station* (UK), *subway station* (US)
la stazione degli autobus/dei pullman	*bus/coach station*
il cinema	*cinema*
la banca	*bank*
l'ufficio	*office*
l'ufficio postale, le poste	*post office*
l'ufficio del turismo	*tourist information office*
il municipio, il palazzo comunale	*town hall*
il castello	*castle*
il palazzo signorile	*stately home*
la torre	*tower*
il campanile	*belfry, bell tower*
la chiesa	*church*
la cattedrale, il duomo	*cathedral*
il chiostro	*cloisters*
la sinagoga	*synagogue*
la moschea	*mosque*
il museo	*museum*
la biblioteca	*library*
il teatro	*theatre*
il teatro dell'opera	*opera house*
la sala da concerti	*concert hall*
la scuola	*school*
l'università	*university*
la centrale di polizia, la questura	*police station*
l'ospedale (M)	*hospital*

la piscina	swimming pool
lo stadio	sports stadium
la stazione di servizio	service station
la fabbrica	factory
moderno	modern
antico	old
elegante	elegant
immenso	huge
splendido	splendid
pittoresco	picturesque
illuminato a giorno	floodlit
pubblico	public
privato	private
notturno	(at) night
incontrarsi	to meet
essere situato	to be situated
trovarsi	to be
vedere i monumenti	to see the sights
una cartina della città	a map of the town
aperto al pubblico	open to the public
il centro storico	the old town
la piazza principale	the main square
dov'è possibile alloggiare?	what are the accommodation options?

Language in action

L'ufficio del turismo

- Buongiorno, è possibile avere una cartina della città, per favore?
- Buongiorno! Certo, desidera anche gli orari delle visite guidate?
- Veramente ci fermiamo solo pochi giorni, ce n'è qualcuna già prevista?
- Sicuro, e inoltre questo mese organizziamo delle visite di notte nel centro storico, quando i monumenti più importanti sono illuminati a giorno. Si parte dalla piazza del palazzo comunale, proprio sotto il campanile.
- Potrebbe dirci dov'è possibile alloggiare e se c'è un parcheggio gratuito?
- Le do un dépliant che le sarà molto utile. Ci troverà i luoghi d'interesse principali, i monumenti, i musei, gli alberghi e tante altre informazioni pratiche. Personalmente raccomanderei una passeggiata nelle vie del centro storico, molto pittoresche, e poi dovete assolutamente visitare il giardino botanico.
- Grazie mille, arrivederci.

30 In town 2: in the street

la città	town
il paese	village
il quartiere	district, neighbourhood
la periferia	suburb
la via/la strada	street
il viale	wide street/avenue
la circonvallazione	ring road, bypass
la rotatoria	roundabout, traffic circle
l'incrocio	crossroads
il ponte	bridge
la piazza	square
la zona pedonale	pedestrian precinct
la fontana	fountain
la panchina	bench
il cestino dei rifiuti	litter bin
il lampione	street lamp
la buca delle lettere	postbox
la cabina telefonica	telephone box
la fermata dell'autobus	bus stop
il marciapiede	pavement
il bordo del marciapiede	kerb
l'angolo	corner
il passaggio/ l'attraversamento pedonale	pedestrian crossing
le strisce pedonali	zebra crossing
il sottopassaggio	pedestrian subway
il passaggio a livello	level crossing
la circolazione, il traffico	traffic
il semaforo	traffic lights
l'ingorgo	traffic jam
i giardini pubblici	park
il parco giochi	playground
il muro	wall
la staccionata	fence
il cancello	gate
l'ingresso	entrance
chiedere	to ask
cercare	to look for
trovare	to find
attraversare	to cross
andare	to go

guidare	*to drive*
continuare	*to continue*
girare/svoltare	*to turn (off)*
prendere	*to take*
passeggiare	*to walk/go for a walk*
andare a piedi	*to walk/go on foot*
acciottolato	*cobbled*
lontano (da)	*far (from)*
vicino a	*near*
a fianco a	*next to*
di fronte (a)	*opposite*
a destra/a sinistra	*on the right/left*
davanti a	*in front of*
tra	*between*
sotto	*under*
sopra	*over*
laggiù	*over there*
non è lontano	*it's not far*
è qui vicino	*it's really close to here*
girare a destra/a sinistra	*to turn right/left*
andare nella direzione sbagliata	*to go in the wrong direction*
perdersi/smarrirsi	*to get lost*

Language in action

- Potrebbe raccomandarci un buon albergo?
- Beh, l'albergo 'Mirasole' non è lontano dal centro.
- Come ci si arriva in macchina da qui?
- Vada dritto per questa strada, prenda la seconda a sinistra e al semaforo giri a destra. Arriverà ad una piazza con una fontana, l'albergo sta tra un bar e l'ufficio postale.
- Sia gentile, ci dice anche come possiamo arrivare alla cattedrale dall'albergo?
- Come no? Quando uscite dall'albergo girate subito a destra e proseguite sempre dritto. Oltrepassate i giardini pubblici e attraversate la strada all'altezza della fermata dell'autobus. Prendete la prima a sinistra e vedrete la cattedrale, proprio in fondo alla strada.

la banca	*bank*
la cassa di risparmio	*savings bank*
l'agenzia, la succursale	*branch*
l'ufficio	*office*
lo/la sportellista	*counter assistant*
il cassiere/la cassiera	*cashier*
lo sportello automatico, il Bancomat™	*cashpoint*
il conto (in banca)	*(bank) account*
il conto di risparmio	*savings account*
la banconota	*banknote*
la moneta	*coin*
la sterlina	*pound (sterling)*
gli spiccioli	*change*
l'assegno	*cheque*
il traveller's cheque	*traveller's cheque*
il carnet/il libretto degli assegni	*chequebook*
la carta del Bancomat™	*bank card*
la carta di credito	*credit card*
le coordinate bancarie	*bank details*
il documento d'identità	*proof of identity*
il prestito	*loan*
il mutuo (immobiliare)	*mortgage*
il saldo	*balance*
la domanda	*application form*
il modulo	*form*
la firma	*signature*
l'ufficio postale	*post office*
lo sportello	*counter*
la posta, la corrispondenza	*mail, post*
la cassetta delle lettere	*postbox*
la levata della posta	*postal collection*
il portalettere, il postino	*postman*
il francobollo	*stamp*
la lettera	*letter*
la cartolina	*postcard*
il mittente	*sender*
il destinatario	*asddressee*
la busta (imbottita)	*(padded) envelope*
il pacco	*parcel*
lo sportello	*counter, desk*
il vaglia postale (M)	*postal order*

il conto corrente	*post office account*
la posta prioritaria	*first class*
la scheda telefonica	*phonecard*
affrancato	*stamped*
espresso	*express*
scrivere	*to write*
firmare	*to sign*
affrancare	*to stamp*
spedire	*to send*
imbucare	*to post*
annullare	*to cancel*
pesare	*to weigh*
l'orario d'apertura	*opening hours*
ritirare dei soldi	*to withdraw/take out money*
incassare un assegno	*to cash a cheque*
intestare un assegno	*to make out a cheque*
firmare un assegno	*to sign a cheque*
fare la fila	*to stand in the queue*
una (lettera) assicurata	*registered post*
per raccomandata con ricevuta di ritorno	*by recorded delivery*
recapitare la corrispondenza	*to deliver the mail*

Language in action

L'ufficio postale

- Mamma mia! Hai visto quante persone? Dovremo fare la fila per un'ora!
- Esagerata! Guarda, la maggior parte della gente deve fare dei conti correnti. Io ho da spedire una lettera per posta prioritaria e ritirare un vaglia. E tu?
- Beh, devo spedire la domanda per il concorso e mi serve una raccomandata con ricevuta di ritorno e poi ritirare un pacco che mi ha mandato l'università.
- Allora facciamo così, tu mi dai l'avviso che il postino ti ha lasciato nella cassetta delle lettere e io mi incarico del pacco mentre incasso il mio vaglia. Tu nel frattempo fai la fila a quell'altro sportello e ti occupi della mia posta prioritaria insieme alla tua raccomandata. Così dimezziamo i tempi, no?
- Buona idea. Tieni, per ritirare il pacco avrai bisogno di un mio documento d'identità. A dopo.

la macchina	*car*
il taxi	*taxi*
il camion	*truck*
l'autoarticolato	*articulated truck*
il furgone	*van*
il caravan	*caravan, trailer* (US)
la roulotte	*camper van*
la 4x4	*four-wheel drive vehicle*
la moto(cicletta)	*motorbike*
il motorino	*moped*
la bici(cletta)	*bike*
la mountain bike	*mountain bike*
i trasporti pubblici	*public transport*
l'autobus (M)	*bus*
il pullman	*coach*
il tram	*tram*
il treno	*train*
il vagone	*coach* (of train)
il vagone letto	*sleeper*
la metropolitana	*underground, subway* (US)
il binario	*platform*
il biglietto	*ticket*
la viacard™	*prepaid motorway toll card*
la navetta	*shuttle*
l'imbarcazione (F)	*boat*
il traghetto	*ferry*
la nave	*ship*
l'aereo	*aeroplane*
l'autostrada	*(toll) motorway,* *freeway* (US)
la bretella	*slip road*
la strada statale	*A road*
la corsia	*lane* (on road)
il viaggio	*journey*
la distanza	*distance*
la destinazione	*destination*
la velocità	*speed*
il conducente	*driver*
il passeggero	*passenger*
l'autostoppista (M/F)	*hitchhiker*
il codice stradale	*highway code*
il parcheggio (sotterraneo)	*(underground) car park*

la stazione di servizio	*petrol station*
l'area di servizio	*(motorway) services*
il capolinea (M)	*terminus*
viaggiare	*to travel*
partire	*to leave/set off*
arrivare	*to arrive*
dirigersi verso	*to make for (a place)*
guidare	*to drive*
fermarsi	*to stop*
parcheggiare	*to park*
salire	*to get on*
scendere	*to get off*
viaggiare in treno/in pullman	*to travel by train/coach*
andare a piedi	*to go on foot*
andare in aereo/ macchina/bici	*to go by plane/car/bike*
prendere il traghetto	*to take the ferry*
il tunnel sotto la Manica	*the channel tunnel*
viaggiare a 100 chilometri all'ora	*to travel at 100 kilometres an hour*
fare l'autostop	*to hitchhike*
l'ora di punta	*the rush hour*
restare imbottigliato	*to be stuck in traffic jams*
prendere una multa	*to get a fine*

Language in action

- Cosa hai deciso, accetterai quel lavoro a Milano?
- A dire la verità ancora non so. Dovrei viaggiare ogni giorno, non potrei più andare al lavoro a piedi o in bici come ho fatto fino ad oggi. Prendere la macchina è fuori discussione, se non voglio passare delle ore imbottigliato nel traffico. Per non parlare di come è difficile trovare un parcheggio in centro. L'ultima volta ho anche preso una multa! E poi, prendere il treno tutte le mattine, non è una prospettiva che mi attira.
- Perché non prendi un pullman? Se non ricordo male ce n'è uno il cui capolinea è vicino ad una stazione della metropolitana. Una volta in centro puoi prendere un autobus per arrivare in ufficio.
- Certo potrebbe essere una soluzione, ma più che un viaggio sembra un incubo, su e giù per i mezzi pubblici. La metropolitana poi te la raccomando, nell'ora di punta....

la ruota	*wheel*
la ruota anteriore/posteriore	*front/rear wheel*
la ruota di scorta	*spare wheel*
la gomma, il pneumatico	*tyre*
la portiera	*door*
il finestrino	*window*
il parabrezza (M)	*windscreen, windshield*
il tergicristallo	*windscreen wiper*
il paraurti	*bumper, fender (US)*
il faro	*headlight*
la luce di posizione	*sidelight*
la freccia	*indicator*
lo stop	*brake light*
il cofano	*bonnet (UK), hood (US)*
il bagagliaio	*boot (UK), trunk (US)*
il motore	*engine*
la batteria	*battery*
il tubo di scappamento	*exhaust pipe*
il radiatore	*radiator*
il serbatoio	*fuel tank, gas tank*
il tappo del serbatoio	*petrol cap*
la benzina (verde)	*(unleaded) petrol*
il gasolio	*diesel*
l'olio	*oil*
l'antigelo	*antifreeze*
il liquido dei freni	*brake fluid*
il sedile	*seat*
il sedile anteriore/posteriore	*front/back seat*
l'air bag (M)	*air bag*
la cintura di sicurezza	*seatbelt*
il volante	*steering-wheel*
il freno	*brake*
il freno a mano	*handbrake*
l'acceleratore (M)	*accelerator*
la marcia	*gear*
la leva del cambio	*gearstick*
la frizione	*clutch*
il motorino d'avviamento	*starter*
l'autoradio	*car radio*
il cruscotto	*dashboard*
la spia	*warning light (on dashboard)*

lo specchietto retrovisore	*rearview mirror*
il libretto di circolazione	*car registration papers*
la patente	*driving licence*
la targa	*numberplate*
la chiave (dell'accensione)	*(ignition) key*
il codice stradale	*highway code*
il triangolo (di segnalazione)	*warning triangle*
il cric	*jack*
il manuale	*manual*
l'officina	*garage*
il meccanico	*mechanic*
il carro attrezzi	*breakdown truck*

guidare	*to drive*
partire	*to start*
rallentare	*to slow down*
frenare	*to brake*
controllare	*to check*
rimorchiare	*to tow*

essere in panne/avere la macchina in panne	*to break down*
avere una gomma a terra	*to have a flat tyre*
forare una gomma	*to have a puncture*
restare senza benzina	*to run out/to have run out of petrol*
fare il pieno	*to fill up*
la macchina non parte	*the car won't start*
la batteria è scarica	*the battery's flat*
lampeggiare con i fari	*to flash one's headlights*

Language in action

- Pronto? Officina Costini? Ho la macchina in panne proprio all'ingresso del paese, potreste mandare qualcuno per ripararla?
- Un attimo signora, le passo il meccanico.
- Buongiorno signora, mi dica, cosa è successo?
- Non ci capisco niente. Un automobilista mi ha lampeggiato con i fari. Pensndo di aver avvitato male il tappo del serbatoio mi sono fermata sulla banchina per controllare e ora la macchina non parte più.
- Sul cruscotto, guardi se per caso la spia della benzina è accesa.
- Ma no, non sono rimasta senza benzina, ho appena fatto il pieno. Non potete mandare qualcuno perché dia un'occhiata? Sono a meno di un chilometro dall'officina.
- Le mando piuttosto il carro attrezzi, mi sa che in ogni caso bisognerà rimorchiare la macchina.

la campagna	*country(side)*
il paese	*village*
il borgo	*hamlet*
la montagna	*mountain*
la collina	*hill/hillside*
il fiume	*river*
la riva	*river bank*
il ruscello	*stream*
il lago	*lake*
lo stagno	*pond*
il sentiero	*footpath*
la foresta	*forest*
il bosco	*wood*
il frutteto	*orchard*
l'albero (da frutta)	*(fruit) tree*
il melo	*apple tree*
il pero	*pear tree*
il susino	*plum tree*
l'albicocco	*apricot tree*
il pesco	*peach tree*
il terreno	*land*
la terra	*earth/soil*
il campo	*field*
il prato	*meadow*
la recinzione (elettrificata)	*(electric) fence*
la siepe	*hedge*
il cancello	*gate*
la fattoria, l'azienda agricola	*farm*
l'aia	*farmyard*
la stalla	*stable/cowshed*
il capanno	*shed*
il granaio	*barn*
l'agricoltura	*farming/agriculture*
l'agricoltore, il fattore (M)	*farmer*
il bracciante	*farm worker*
la vigna	*vineyard*
il viticoltore	*winegrower*
l'apicoltore/-trice (M/F)	*beekeeper*
l'erba	*grass*
il fiore di campo	*wild flower*
il fieno	*hay*
il grano	*wheat*

il mais	maize
l'orzo	barley
la segale	rye
la paglia	straw
il raccolto	crop
la mietitura	harvest
la vendemmia	grape picking
gli animali da allevamento	farm animals
il bestiame	cattle
la vacca, la mucca	cow
il bue	ox
il manzo	bullock
il toro	bull
l'agnello	lamb
la pecora	sheep
la capra	goat
il maiale	pig
la gallina	hen
il gallo	cock
il pollo	chicken
l'anatra	duck
l'oca	goose
il tacchino	turkey
il cavallo	horse
l'asino	donkey
il trattore	tractor
vendemmiare	to pick grapes
mietere	to harvest

Language in action

- Questo fine settimana siamo andati a vedere l'azienda agricola di mio zio. è stato fantastico! C'erano tanti animali: mucche, cavalli, galline...
- Eh sì, la vita in campagna è proprio bella, sempre all'aria aperta. Ti puoi sdraiare all'ombra di un albero e sentire gli uccellini cantare mentre ti godi l'odore della terra.
- Beh, non è proprio così. Mio zio si alza prestissimo la mattina, bisogna accudire gli animali, preparare il trattore... I braccianti arrivano alle cinque e ci sono molte cose da fare soprattutto nel periodo della mietitura o della raccolta della frutta.
- C'è anche la vigna, nella campagna di tuo zio? Mi piacerebbe tanto vendemmiare!
- Sì, piace anche a me, ma preferisco cogliere le pesche o le albicocche. L'anno scorso ne ho mangiate così tante che mi è venuto il mal di pancia!
- Allora d'accordo, quest'anno vengo anch'io.

il leone	*lion*
la leonessa	*lioness*
la tigre	*tiger*
l'elefante	*elephant*
la scimmia	*monkey*
il gorilla	*gorilla*
la giraffa	*giraffe*
l'ippopotamo	*hippopotamus*
il rinoceronte	*rhinocerous*
il serpente	*serpent*
la zebra	*zebra*
l'orso/a	*bear*
il lupo/la lupa	*wolf*
la volpe	*fox*
il gufo, la civetta	*owl*
la lepre	*hare*
il topo	*rat*
la talpa	*mole*
il tasso	*badger*
il porcospino	*hedgehog*
lo scoiattolo	*squirrel*
il pipistrello	*bat*
il muflone	*mouflon*
il cervo	*deer*
la foca	*seal*
il pesce	*fish*
lo squalo	*shark*
il tonno	*tuna*
il delfino	*dolphin*
il polpo	*octopus*
l'uccello	*bird*
l'avvoltoio	*vulture*
l'aquila	*eagle*
il corvo	*crow*
il merlo	*blackbird*
il tordo	*thrush*
l'allodola	*lark*
il pettirosso	*robin*
il passero	*sparrow*
la rondine	*swallow*
la coda	*tail*
l'ala	*wing*
la caccia	*hunting*

domestico	*domestic*
selvatico	*wild*
diurno	*diurnal*
notturno	*nocturnal*
agile	*agile*
veloce	*fast*
lento	*slow*
aggressivo	*aggressive*
docile	*docile*
timido	*shy, timid*
cacciare	*to hunt*
pescare	*to fish*
cacciare/pescare di frodo	*to poach*
vivere	*to live*
nidificare	*to nest*
correre	*to run*
volare	*to fly*
nascondersi	*to hide*
scappare	*to escape*
inseguire	*to chase*
la riserva naturale	*wildlife reserve*
essere in via d'estinzione	*to be on the verge of extinction*
essere una specie protetta	*to be a protected species*
seguire le tracce di	*to follow the track of*

Language in action

Nelle diverse regioni italiane vivono ancora oggi molti animali selvatici, come il cervo, il lupo o il muflone. Queste sono delle specie protette in quanto in via d'estinzione e pertanto ne è proibita la caccia. Si possono incontrare anche volatili come il gufo o la civetta, anche se molto difficili da vedere in quanto sono animali notturni che si nascondono o volano via quando avvertono la presenza umana. Purtroppo ancora oggi esistono dei cacciatori senza scrupoli che praticano la caccia di frodo e mettono in pericolo la continuazione della specie. In certe zone è ancora possibile vedere l'aquila che maestosa vola alta o il falco che compie larghi cerchi nel cielo prima di lanciarsi sulla preda, che può essere un topo o una lepre come anche un altro uccello. Nei mari d'Italia si possono incontrare delfini e anche squali, anche se non quelli pericolosi dei mari caldi. I più fortunati poi possono incontrare i tonni che vengono comunemente pescati nei mari di Sicilia e di Sardegna.

il fiore	*flower*
l'albero (da frutta)	*(fruit) tree*
l'arbusto	*shrub*
il cespuglio	*bush*
il petalo	*petal*
lo stelo, il gambo	*stem*
il bocciolo	*bud*
la foglia	*leaf*
il fogliame	*foliage*
la radice	*root*
il tronco	*trunk*
il ramo	*branch*
la corteccia	*bark*
il seme	*seed*
la talea	*cutting*
il polline	*pollen*
la rosa	*rose*
il roseto	*rose bush*
il garofano	*carnation*
il geranio	*geranium*
la viola del pensiero	*pansy*
la giunchiglia	*daffodil*
il tulipano	*tulip*
il lillà (M)	*lilac*
il giglio	*lily*
l'orchidea	*orchid*
l'azalea	*azalea*
l'ortensia	*hydrangea*
l'erica	*heather*
il pino	*pine*
l'olmo	*elm*
la betulla	*birch*
il faggio	*beech*
il frassino	*ash*
l'abete (M)	*fir tree*
il salice piangente	*weeping willow*
il melo	*apple tree*
il pero	*pear tree*
il ciliegio	*cherry tree*
il mandorlo	*almond tree*
il castagno	*chestnut tree*
il fertilizzante	*fertilizer*

fresco	fresh
secco	dry
verdeggiante	leafy
sempreverde	evergreen
soleggiato	sunny
riparato	sheltered
umido	damp, moist
piantare	to plant
seminare	to sow
scavare	to dig
annaffiare	to water
dare il fertilizzante	to fertilize
tagliare	to cut
potare	to prune
propagarsi	to propagate
profumare (di)	to smell (of)
cogliere fiori/frutta	to pick flowers/to collect fruit
fare ombra	to give shade
una composizione floreale	a flower arrangement
l'albero a foglie caduche	deciduous tree
la pianta da appartamento	houseplant
in fiore	in bloom
al sole	in the sun
all'ombra	in the shade

Language in action

- Che magnifico mazzo di fiori! Un ammiratore sconosciuto?
- Non esattamente.... è che ogni martedì il fiorista consegna alla mia vicina una di queste splendide composizioni floreali ma, appena lui ha girato i tacchi, lei viene qui di corsa e me lo regala. Sai, la poveretta è allergica al polline, sia quello delle piante che quello degli alberi. Persino i mandorli o i ciliegi in fiore le provocano starnuti incontrollabili. Eppure adora il profumo dei fiori, dal gelsomino alla gardenia al lillà, ma per via del raffreddore da fieno non sopporta fiori in casa.
- Beh, speriamo per te che questo idillio duri a lungo.
- Ne dubito. I tulipani gialli non sono per caso il simbolo della rottura di una relazione, nel linguaggio dei fiori?
- Che fervida immaginazione! Diciamo piuttosto che è la stagione dei tulipani... vedrai che tra qualche settimana riceverai dei gigli.

lo sport	*sport*
la ginnastica	*keep-fit*
l'aerobica	*aerobics*
il jogging, il footing	*jogging*
l'atletica	*athletics*
il nuoto	*swimming*
il calcio	*football*
il basket, la pallacanestro	*basketball*
la pallamano	*handball*
la boxe, il pugilato	*boxing*
il ciclismo	*cycling*
il baseball	*baseball*
il rugby	*rugby*
il golf	*golf*
il tennis	*tennis*
la vela	*sailing*
il windsurf	*windsurfing*
il salto in lungo/in alto	*long/high jump*
la corsa	*race*
la gara di fondo	*long distance race*
la corsa a ostacoli	*hurdles*
le arti marziali	*martial arts*
lo judo	*judo*
il pattinaggio su ghiaccio	*ice-skating*
il pattinaggio (a rotelle)	*roller-skating*
l'equitazione (F)	*horse-riding*
il riscaldamento	*warm-up*
il palazzetto dello sport	*sports centre*
la piscina	*swimming pool*
il campo da calcio	*football pitch*
il campo da pallacanestro	*basketball court*
il campo da tennis	*tennis court*
il pallone	*football*
la palla	*basketball*
la pallina (da tennis/da golf)	*(tennis/golf) ball*
la racchetta	*racquet*
la mazza da baseball	*baseball bat*
la mazza da golf	*golf club* (implement)
il surf	*surfboard*
i pattini a rotelle	*roller skates*
i pattini in linea	*Rollerblades*
le scarpette da calcio	*football boots*

le attrezzature sportive	sports equipment
il culturismo	body-building
i pesi	weights
sportivo	keen on sport
bene	well
male	bad/badly
stanco	tired
spossato	exhausted
correre	to run
saltare	to jump
lanciare	to throw
tirare	to shoot
fare canestro/gol	to score a basket/a goal
allenarsi	to train
fare sport	to do sports
praticare uno sport	to play a sport
giocare a calcio/a tennis	to play football/tennis
essere indolenzito	to be stiff, to ache

Language in action

- Ma cos'è tutta questa roba? Hai svaligiato un negozio di articoli sportivi?
- No, no. A dire il vero ho intenzione di rivendere tutte le varie attrezzature sportive che ho accumulato nel corso degli anni. Mi sono costate un sacco di soldi e ora sono completamente inutilizzate, prendono solo spazio in garage.
- Ma quello è un surf! E quand'è che facevi surf?
- Non è mio, era di mio figlio Nicola. Ora metto un'inserzione sul giornale e se qualcuno li vuole comprare... bene, vuol dire che faranno la stessa fine degli stivali da equitazione, delle racchette da tennis e da badminton, e dei kimono che una volta usavo per le arti marziali. Anche le mazze da golf devono sparire, è diventato troppo faticoso giocare con la schiena nelle mie condizioni.
- E quella mountain bike, sei sicuro che ti serve...?
- Eh, vacci piano! Quella è di mia moglie Marcella. Ma se ci separiamo e la lascia qui ti faccio sapere!

la partita	*match*
il calcio	*football* (*game*)
il pallone	*football* (*ball*)
il rugby	*rugby*
l'atletica	*athletics*
le corse ippiche	*horseracing*
la squadra	*team*
l'arbitro	*referee, umpire*
l'allenatore (*M*)	*coach, trainer*
il capitano	*captain*
il giocatore	*player*
il calciatore	*footballer*
il portiere	*goalkeeper*
il centravanti	*centre forward*
lo spettatore/la spettatrice	*spectator*
il tifoso/la tifosa (di calcio)	*(football) supporter*
l'ultrà (*M/F*)	*fanatical football supporter*
l'hooligan (*M/F*)	*hooligan*
il cartellino giallo/rosso	*yellow/red card*
la maglia	*shirt*
l'ammonimento	*warning*
il fallo	*foul*
il (calcio di) rigore	*penalty* (*in football*)
lo stadio	*the stadium*
la porta	*goal* (*the posts*)
la rete	*net*
il punto	*point*
il gol	*goal* (*score*)
il risultato	*result*
il punteggio	*score*
il pareggio	*draw*
il gol del pareggio	*equalizer*
il derby	*derby*
l'incontro	*match*
lo scontro	*confrontation*
la vittoria	*victory*
la coppa	*cup*
la medaglia	*medal*
il torneo	*tournament*
il campionato	*championship*
l'eliminatoria	*heat*
la finale	*final*

il/la finalista	finalist
appassionante	exciting
difficile	hard, tough
popolare	popular
favorito	favourite
vincente	winning
perdente	losing
giocare	to play
vincere	to win
perdere	to lose
battere/sconfiggere	to defeat
eliminare	to eliminate
pareggiare (con)	to draw (with)
attaccare	to attack
difendere	to defend
partecipare (a)	to take part (in)
allenarsi	to train, be in training
espellere	to expel
tirare	to shoot
segnare	to score
correre	to run
pareggiare uno a uno	to draw one all
arrivare alla semifinale	to reach the semi-final
tifare per una squadra	to support a team
battere un record	to break a record
qual è il punteggio?	what's the score?

Language in action

La partita di domenica prossima si prospetta davvero
appassionante: lo scontro tra due grandi rivali, la Roma e la Juve.
Delle due, la Roma è la squadra favorita, ma non bisogna
dimenticare la vittoria della Juve contro il Bayern Munich la
settimana scorsa, quando il centravanti ha segnato uno
spettacolare gol su rigore. E la Juve può senz'altro contare su un
portiere più esperto. Da più parti si dà per scontato che la Roma
abbia maggiori possibilità di entrare in semifinale, grazie al gioco di
attacco che le è particolarmente congeniale. Inoltre la difesa della
Juve ultimamente lascia un po' a desiderare e commette parecchi
falli. È pur vero che la Roma non perde in casa da oltre sei
settimane, ma io credo che la Juve non solo vincerà questo
importante incontro ma anche il campionato. Il mio pronostico è di
due a uno per la Juve o un pareggio: qualunque sia la squadra
vinicitrice una cosa è certa, i tifosi non resteranno delusi da uno
spettacolo che promette mille emozioni.

l'esercizio fisico	*exercise*
la ginnastica	*keep-fit*
l'aerobica	*aerobics*
il jogging, il footing	*jogging*
il riscaldamento	*warm-up*
il palazzetto dello sport	*sports centre*
lo stabilimento termale	*spa*
il centro benessere	*health farm*
la palestra	*gym*
la sauna	*sauna*
le attrezzature sportive	*sports equipment*
il tappeto	*the mat*
i pesi	*the weights*
lo stretching	*stretching*
le flessioni/i piegamenti sulle braccia	*press-ups*
le flessioni/i piegamenti sulle gambe	*squats*
la linea	*figure*
l'alimentazione (F)	*diet* (what one eats)
la dieta (dimagrante)	*(slimming) diet*
la frutta	*fruit*
le verdure	*vegetables*
i dolciumi	*sweet things*
gli alimenti grassi	*fatty foods*
i carboidrati	*carbohydrates*
le calorie	*calories*
le proteine	*proteins*
le vitamine	*vitamins*
i grassi/i lipidi	*fat(s)*
le tossine	*toxins*
il colesterolo	*cholesterol*
lo zucchero	*sugar*
la saccarina	*saccharin*
la dipendenza (da)	*addiction (to)*
la tossicodipendenza	*drug addiction*
il tabacco	*tobacco*
il tabagismo	*tobacco addiction*
la nicotina	*nicotine*
il tasso di catrame	*tar content*
la droga	*drug*
gli alcolici	*alcohol*
il fumatore/la fumatrice	*smoker*

il drogato/la drogata	*drug-addict*
l'alcolizzato/l'alcolizzata	*alcoholic*
sano	*healthy*
sodo	*firm*
robusto	*stout*
magro	*thin*
anoressico	*anorexic*
bulimico	*bulimic*
debole	*weak*
forte	*strong*
nutriente	*nutritious*
ingrassare	*to put on weight*
essere sovrappeso	*to be overweight*
dimagrire	*to lose weight*
fumare	*to smoke*
bere	*to drink*
drogarsi	*to take drugs*
disintossicarsi	*to come off* (drugs)
una vita sana	*a healthy lifestyle*
le virtù benefiche	*healing properties*
fare sport	*to play sports*
fare ginnastica	*to do exercises*
essere in buona salute	*to be in good health*
essere in forma	*to be fit*
fare le cure termali	*to go for a course of treatment at a spa*
seguire una dieta	*to be on a diet*
cominciare una dieta	*to go on a diet*
smettere di fumare	*to stop smoking*

Language in action

Centro benessere Il Girasole

Per chi voglia migliorare o mantenere l'aspetto e la forma fisica sono a disposizione numerosi trattamenti estetici e antistress, massaggi e piscine di talassoterapia in un ambiente rilassante e confortevole. Il dietologo vi aiuterà a scegliere una dieta personalizzata, i vari programmi (antistress, anticellulite, dimagrimento, relax) si avvantaggiano delle virtù benefiche dell'acqua del mare.

(Massaggio rassodante, impacchi di fanghi termali, idromassaggio ...).

Soggiorno presso l'albergo Aurora

3 pernottamenti, pensione completa: a partire da 595,00 euro
1 trattamento bellezza o massaggio terapeutico - 1 trattamento alghe - 1 trattamento viso: a partire da 199,00 euro.

la malattia	*illness*
l'influenza	*flu*
il raffreddore	*cold*
il raffreddore allergico	*hay fever*
la febbre	*temperature*
la tosse	*cough*
lo starnuto	*sneeze*
il mal di testa	*headache*
il mal di gola	*sore throat*
il mal di denti	*toothache*
l'indigestione (F)	*indigestion*
la diarrea	*diarrhoea*
l'intossicazione alimentare (F)	*food poisoning*
l'allergia	*allergy*
l'epatite (F)	*hepatitis*
l'Aids (M)	*Aids*
il morbillo	*measles*
la rosolia	*German measles*
la varicella	*chicken pox*
l'incidente (M)	*accident*
la frattura	*fracture*
l'ingessatura, il gesso	*plaster cast*
la ferita	*wound*
la slogatura	*sprain*
la bruciatura	*burn*
l'infiammazione (F)	*inflammation*
l'operazione (F)	*operation*
l'intervento	*surgery*
l'anestesia locale/generale	*local/general anaesthetic*
i punti (di sutura)	*stitches*
la trasfusione (di sangue)	*blood transfusion*
il cancro (al polmone)	*(lung) cancer*
l'infarto	*heart attack*
l'ictus (M)	*stroke*
l'appendicite (F)	*appendicitis*
l'emorragia	*haemorrhage*
l'osso	*bone*
il sangue	*blood*
il termometro	*thermometer*
la puntura, l'iniezione (F)	*injection*

malato	*ill*
ferito	*injured*
rotto/fratturato	*broken*
grave	*serious*
svenuto	*unconscious*
morto	*dead*
cadere	*to fall*
ammalarsi	*to fall ill*
vomitare	*to be sick, vomit*
prendere	*to catch*
sanguinare	*to bleed*
infettarsi	*to become infected*
come si sente?	*how do you feel?*
soffrire di	*to suffer from*
sentirsi bene/male	*to feel well/ill*
avere una cattiva cera	*to look ill*
contorcersi dal dolore	*to writhe in pain*
avere mal di testa	*to have a headache*
avere la febbre	*to have a temperature*
non mi sento bene	*I don't feel well*
stare poco bene	*to be out of sorts*
gravemente ferito	*seriously injured*
battere la testa	*to knock one's head*
mi sono rotto la gamba	*I've broken my leg*
slogarsi la caviglia	*to sprain one's ankle*

Language in action

- Una cosa è certa, io in quel ristorante non ci mangerò più!
- Perché? Quel ristorante è piaciuto molto sia a me che a Sandra ed anche gli altri l'hanno gradito, anzi si pensava di tornarci prima della fine della vacanza.
- La pensavo anch'io così, mi sembrava tutto buono, ma quando sono tornato a casa ho dovuto chiamare un medico, talmente mi sentivo male. All'inizio credevo di aver fatto indigestione, ho pensato che tutto sarebbe passato da solo, avevo giusto un po' di nausea ed un terribile mal di testa. Ma poi mi sono dovuto arrendere all'evidenza. Quando è arrivato il dottore mi contorcevo dai dolori ed avevo la febbre alta. Mi ha misurato la pressione, mi ha fatto un'iniezione e mi ha mandato al pronto soccorso. Pensava fosse un'appendicite. Lì mi hanno fatto una serie di esami e alla fine il medico di guardia ha concluso che si trattava di un'allergia o di un'intossicazione alimentare e mi ha detto che per questa volta non sarei morto. Rassicurante, vero?

l'ospedale (M)	*hospital*
la clinica privata	*private hospital*
la mutua	*mutual insurance company*
l'ambulatorio	*surgery*
il poliambulatorio	*health centre*
il medico, il dottore/la dottoressa	*doctor*
il medico di base/di famiglia	*GP, family doctor*
il/la dentista	*dentist*
il chirurgo	*surgeon*
lo specialista (M)	*specialist*
l'infermiere/-a	*nurse*
il/la paziente	*patient*
il trattamento	*treatment*
la visita medica	*check-up*
il sintomo	*symptom*
la diagnosi	*diagnosis*
l'ambulanza	*ambulance*
la barella	*stretcher*
il reparto	*hospital ward*
la sala operatoria	*operating theatre*
il pronto soccorso	*accident and emergency unit*
la sala parto	*delivery room*
la sala d'aspetto	*waiting room*
l'analisi (del sangue)	*(blood) test*
la gola	*throat*
il torace	*chest*
lo stomaco	*stomach*
l'addome (M)	*abdomen*
le spalle	*back*
la caviglia	*ankle*
l'articolazione (F)	*joint*
il cervello	*brain*
il cuore	*heart*
il polmone	*lung*
il fegato	*liver*
l'appendice (M)	*appendix*
il rene	*kidney*
sano/in buona salute	*healthy*

debole	*weak*
delicato	*delicate*
urgente	*urgent*
lamentarsi di	*to complain about*
esaminare	*to examine*
prescrivere	*to prescribe*
diagnosticare	*to diagnose*
curare	*to cure*
trattare	*to treat*
fare una radiografia	*to do an X-ray*
operare	*to operate*
subire un intervento/ essere operato	*to have an operation*
come si sente?	*how do you feel?*
le fa male?	*does it hurt?*
essere ricoverato in ospedale	*to be admitted to hospital*
avere lo stomaco delicato	*to have a weak stomach*
avere il cuore debole	*to have a weak heart*
rimanere a letto	*to stay in bed*
chiamare il medico	*to call the doctor*
prendere appuntamento dal medico	*to make an appointment at the doctor's*
chiamare l'ambulanza	*to call an ambulance*
essere ricoverato d'urgenza	*to be admitted as an emergency*
otturare un dente	*to fill a tooth*
estrarre un dente	*to take out a tooth*
essere sano come un pesce	*to be as fit as a fiddle*

Language in action

- Allora come sta Franca? Ho saputo che doveva subire un intervento al cuore.
- Per ora sembra che non ci siano complicanze.
- Quindi l'operazione è andata bene.
- Beh, sai questo tipo di intervento è molto delicato. Lo specialista che l'ha operata non si è voluto sbilanciare. Ha solo detto che con un cuore debole come il suo ha fatto bene a decidersi, altrimenti prima o poi l'avrebbero ricoverata d'urgenza.
- Quanto tempo dovrà ancora rimanere a letto? Posso andare a farle visita?
- Per il momento è ancora debole, ma credo che tra una settimana o due il dottore le darà il permesso di ricevere visite. Sarà sicuramente contenta di vederti.

la medicina	*medicine*
il/la farmacista	*pharmacist*
la ricetta medica	*prescription*
il farmaco	*medicine*
lo sciroppo per la tosse	*cough mixture*
la pomata	*ointment, cream*
la compressa	*pill, tablet*
la capsula	*capsule*
la supposta	*suppository*
l'aspirina™	*aspirin*
l'antisettico	*antiseptic*
l'antibiotico	*antibiotic*
l'analgesico	*painkiller*
il lassativo	*laxative*
il tubetto	*tube*
il flacone	*bottle*
l'alcol denaturato	*surgical spirit*
l'acqua ossigenata	*hydrogen peroxide*
il cerotto	*plaster*
la compressa di garza	*compress*
la benda	*bandage*
il cotone idrofilo	*cotton wool*
la cassetta del pronto soccorso	*first-aid kit*
l'assorbente intimo	*sanitary towel*
il tampone	*tampon*
il preservativo	*condom*
la pillola (contraccettiva)	*the (contraceptive) pill*
il mal di testa	*headache*
il mal di gola	*sore throat*
il bruciore di stomaco	*heartburn*
l'indigestione (F)	*indigestion*
la diarrea	*diarrhoea*
la febbre	*temperature, fever*
l'allergia	*allergy*
il raffreddore allergico	*hay fever*
il mal d'orecchio	*earache*
il raffreddore	*cold*
l'influenza	*flu*
la bruciatura	*burn*
la scottatura solare	*sunburn*
il morso	*bite* (from snake or dog)

la puntura	bite, sting (from insect)
l'ecchimosi	bruise
gonfio	swollen
rauco	hoarse
stanco	tired
pungere	to sting (insect)
mordere	to bite (snake or dog)
tagliarsi	to cut oneself
bruciarsi	to burn oneself
prendere un raffreddore	to catch a cold
fasciare	to bandage
avete qualcosa per la tosse?	have you got anything for a cough?
che sintomi ha?	what symptoms do you have?
sentirsi bene/male	to feel well/ill
sentirsi peggio	to feel worse
gli fanno male le articolazioni	his joints hurt
mi sono bruciato	I've burnt myself
mi sono tagliato un dito	I've cut my finger
sono stato punto dalle zanzare	I've got a mosquito bite
avere un raffreddore/ essere raffreddato	to have a cold
ci vuole la ricetta medica	it's not sold over the counter

Language in action

- Questa volta è fuori discussione che tu e i tuoi amici andiate in campeggio in montagna senza una cassetta del pronto soccorso. Non mi interessa cosa dici ai tuoi amici, non voglio che improvvisi fasciature tagliando le tue magliette come l'ultima volta. Vediamo un po' questa lista... Acqua ossigenata, alcol denaturato, bende, compresse di garza, ecco qua. C'è tutto il necessario per improvvisarti infermiere. Non ti scordare di prendere l'aspirina e le compresse per la diarrea. Un tubetto di pomata per le ecchimosi...
- Cosa hai scritto lì? Siero antivipera? Ma non ci sono vipere dove andiamo.
- Tanto meglio, però prendi anche una lozione per eventuali scottature solari e una pomata per le punture delle zanzare e degli insetti in genere...ah! quasi scordavo le tue pastiglie per il raffreddore da fieno.
- Mamma! Con tutta questa roba potrei aprire una farmacia!

la scuola (elementare/media)	(primary/secondary) school
il liceo	secondary school (ages 14-18)
la scuola materna	nursery school
l'asilo	nursery
l'alunno/l'alunna	pupil
lo studente/la studentessa	student
il professore/la professoressa, il/la prof*	teacher
il maestro/la maestra	(primary) schoolteacher
il dirigente scolastico/la dirigente scolastica	headmaster/-mistress (in primary school)
il/la preside	headmaster/-mistress (in secondary school)
il rettore	chancellor (University)
il/la docente	professor
la classe	class
la lezione	lesson
la ricreazione	playtime
l'ora (d'inglese)	(English) lesson
la materia, la disciplina	subject
la lingua (inglese)	(English) language
la matematica	mathematics
l'italiano	Italian
la ginnastica	gymnastics
l'educazione fisica (F)	physical education
l'educazione tecnica (F)	crafts
l'educazione artistica (F)	arts
la fisica	physics
la chimica	chemistry
la biologia	biology
la geografia	geography
la storia	history
il corso di laurea	degree course
la medicina	medicine
l'architettura	architecture
le lettere	arts, humanities
la giurisprudenza	law
l'economia	economics
la sociologia	sociology, social studies
la psicologia	psychology
la filosofia	philosophy

gli studi a indirizzo commerciale	business studies
la laurea	degree
la divisa	uniform
la cartella, lo zainetto	school bag
il cortile della ricreazione	playground
la mensa	canteen
la palestra	gym
il laboratorio	laboratory
l'aula	classroom
il banco	desk
la lavagna	blackboard
il gesso	chalk
il cancellino	duster
il libro di testo	textbook
il dizionario	dictionary
il quaderno	exercise book
il blocco per appunti	notebook, scratch pad (US)
la cartella	folder
il raccoglitore ad anelli	ring binder
il foglio di carta	sheet of paper
la penna (a sfera)	(ballpoint) pen
la penna stilografica	fountain pen
la matita	pencil
il pennarello	felt tip (pen)
il compasso	(pair of) compasses
il righello	ruler
la gomma	eraser
la calcolatrice	calculator
il computer	computer
il registratore	tape recorder
il videoregistratore	VCR
la lavagna luminosa	overhead projector
la videocassetta	videotape
la cassetta audio	tape
i compiti a casa	homework
l'esercizio	exercise
la domanda	question
il dubbio	doubt, query
la risposta	answer
il tema (M)	essay
il compito	assignment
la traduzione	translation
l'esame	exam
il vocabolario	vocabulary
i voti, le valutazioni	marks

difficile	*difficult*
facile	*easy*
esatto	*correct*
sbagliato	*incorrect*
intelligente	*intelligent*
studioso	*hard-working*
distratto	*lacking in concentration/ absent-minded*
turbolento	*disruptive*
chiacchierone	*talkative, always talking*
mediocre	*weak/poor*
ottimo	*excellent*
severo	*strict*
iscriversi	*to enrol* (oneself)
imparare	*to learn*
pensare	*to think*
imparare a memoria	*to memorize, learn by heart*
insegnare	*to teach*
spiegare	*to explain*
capire	*to understand*
ripetere l'anno	*to repeat a year*
cercare	*to look up* (in book)
discutere	*to discuss*
fare una domanda	*to ask a question*
rispondere	*to answer*
scrivere	*to write*
dipingere	*to paint*
disegnare	*to draw*
leggere	*to read*
calcolare	*to calculate*
copiare	*to copy*
correggere	*to correct/mark*
riprendere	*to tell off*
punire	*to punish*
sospendere	*to suspend*
espellere	*to expel*
una scuola pubblica	*a state school*
una scuola privata	*a private school*
una scuola mista	*a mixed school*
fare attenzione a	*to pay attention*
fare i compiti	*to do one's homework*
fare una tesina	*to do an essay*
risolvere un problema	*to solve a problem*
prendere appunti	*to take notes*

il laboratorio linguistico/ di chimica	*the language/chemistry lab*
iscrivere un bambino a scuola	*to enrol a child in a school*
iscriversi all'università	*to enrol at university*
studiare per la laurea in giurisprudenza	*to do a degree in law*
il programma scolastico	*the curriculum/the syllabus*
offrire attività parascolastiche	*to offer extra-curricular activities*
l'istruzione elementare/ superiore	*primary/secondary (education)*
l'istruzione universitaria	*higher education*
l'esame d'ammissione	*entry exam*
l'esame scritto/orale	*oral/written exam*
l'esame modulare/finale	*modular/final exam*
presentarsi ad un esame	*to sit an exam*
passare un esame	*to pass an exam*
marinare la scuola	*to play truant*
perdere la scuola	*to miss school*

Language in action

- Ciao Antonella, hai terminato la tesina sulla letteratura per l'infanzia?
- No, non ho avuto tempo.
- Come mai?
- Beh, tieni presente che io lavoro tre giorni alla settimana, oltre a studiare per la laurea.
- Sì, d'accordo, ma sai che la tesina conta per la valutazione complessiva, e dato che l'orale non è andato particolarmente bene... Mi sa che dovrai studiare parecchio se vuoi passare l'esame.
- Lo so, però mi riesce difficile, ho un sacco di dubbi. Due settimane fa sono stata male e ho perso molte lezioni. E poi non ho abbastanza materiale su cui lavorare.
- Non preoccuparti, ti presto io gli appunti e se vuoi possiamo studiare insieme, così ti spiego quello che non hai capito.

la professione	*profession*
il lavoro	*job*
l'impiego	*employment*
la disoccupazione	*unemployment*
l'azienda, la ditta, la società	*company*
la posizione, il posto	*position, job*
il personale	*staff*
l'aspirante (M/F)	*applicant*
il candidato/la candidata	*candidate*
il curriculum (vitae)	*CV*
il modulo	*form*
i dati personali	*personal details*
le referenze	*references*
le qualifiche, i titoli di studio	*qualifications*
la formazione	*education*
l'esperienza lavorativa/ professionale	*work/professional experience*
lo stage	*work experience*
il contratto	*contract*
lo stipendio	*salary*
il premio di produzione	*bonus*
la commissione	*commission*
l'incentivo	*incentive*
l'auto della ditta	*company car*
la formazione professionale	*training*
l'apprendistato	*apprenticeship*
la promozione	*promotion*
il colloquio	*interview*
l'appuntamento	*appointment*
il licenziamento	*dismissal/redundancy*
il licenziamento ingiustificato	*unfair dismissal*
l'indennità di licenziamento	*redundancy money*
disoccupato	*unemployed*
motivato	*motivated*
disponibile	*available*
responsabile	*responsible*
lavorare	*to work*
(ri)cercare	*to look for*
offrire	*to offer*
fare domanda	*to apply*

scrivere	to write
impiegare, dare lavoro a	to employ
assumere	to recruit
licenziare	to dismiss/make redundant
il colloquio di lavoro	job interview
il lavoro interinale/fisso	temping/fixed job
un contratto a termine/ indeterminato	fixed-term/permanent contract
cercare lavoro	to look for a job
la pagina delle offerte di lavoro	job offers section
essere disoccupato	to be unemployed
lavorare per conto proprio	to be self-employed
lavorare a tempo pieno/ parziale	to work full/part time
un periodo di prova	trial period
un corso di formazione	training course
prospettive di carriera	promotion prospects
conoscenza del francese	knowledge of French
ottima conoscenza dell'inglese	full command of English
disponibilità a viaggiare	availability to travel
capacità di analisi e decisionali	analysis and decision-making skills
una posizione di responsabilità	a position of responsibility
che tipo di lavoro sta cercando?	what type of job are you looking for?

Language in action

TRAM Ricerca di personale

- 2 Disegnatori progettisti esperti CAD
- 1 Programmatore e analista Host IBM con esperienza in applicazioni finanziarie
- 1 Sistemista amministratore di rete
- 4 Progettisti software
- 6 Operatori telefonici
- 10 Addetti al telemarketing (buona conoscenza dell'inglese e del tedesco)
- 2 Responsabili commerciali

la professione/il mestiere	profession/job
l'impiegato/-a statale	civil servant
l'avvocato	lawyer, solicitor
il/la giudice	judge
il medico, il dottore/la dottoressa	doctor
l'ostetrica	midwife
l'infermiere/-a	nurse
l'assistente sociale (M/F)	social worker
il veterinario	vet
il chirurgo	surgeon
il direttore/la direttrice	director
il maestro/la maestra	(primary) school teacher
il professore/la professoressa	(secondary) teacher
il ragioniere/la ragioniera, il/la contabile	accountant
l'ingegnere (M)	engineer
l'architetto	architect
l'arredatore/-trice	interior designer
lo/la stilista	(fashion) designer
il tecnico informatico	computer engineer
il programmatore	programmer
il/la giornalista	journalist
lo scienziato/la scienziata	scientist
il chimico	chemist (scientist)
lo scrittore/la scrittrice	writer
il/la musicista	musician
il pittore/la pittrice	painter
l'artista (M/F)	artist
l'attore/l'attrice	actor/actress
il/la cantante	singer
il fotografo/la fotografa	photographer
il traduttore/la traduttrice	translator
l'interprete (M/F)	interpreter
il commesso/la commessa	sales assistant
il/la rappresentante	sales representative
il/la commerciante	shopkeeper
il parrucchiere/la parrucchiera	hairdresser
il falegname	carpenter
l'operaio/-a	factory worker
l'elettricista (M)	electrician

l'idraulico	*plumber*
il meccanico	*mechanic*
il/la fiorista	*florist*
il giardiniere	*gardener*
l'agricoltore (M)	*farmer*
il minatore	*miner*
il muratore	*building worker/bricklayer*
l'impiegato/-a	*office worker*
il segretario/la segretaria	*secretary*
il/la dirigente	*executive*
l'imprenditore/ l'imprenditrice	*businessman/-woman*
l'uomo/la donna delle pulizie	*cleaner*
il cameriere/la cameriera	*waiter/waitress*
il cuoco/la cuoca	*cook*
il/la portalettere	*postman/-woman*
il/la conducente di autobus	*bus driver*
il/la tassista	*taxi driver*
il poliziotto	*policeman*
l'agente di polizia (M/F)	*policeman/-woman*
il vigile urbano	*traffic warden*
il pilota	*pilot*
la hostess	*air hostess*
lo steward	*air steward*
l'assistente di volo (M/F)	*flight attendant*
la casalinga	*housewife*
il soldato	*soldier*
stimolante	*stimulating*
gratificante	*gratifying*
soddisfatto	*satisfied*
professionale	*vocational*
lavorare come...	*to work as a...*
guadagnarsi da vivere come...	*to earn your living as a...*
un lavoro ben/mal retribuito	*a well/badly paid job*
scegliere una professione	*to choose a profession*
sentirsi realizzato	*to feel fulfilled*

l'ufficio	office
la scrivania	desk
il reparto	department
la reception	reception
il centralino	switchboard
l'interno	extension
la telefonata	phone call
il fax	fax
la fotocopiatrice	photocopier
lo schedario, l'archivio, il classificatore	filing cabinet
il fascicolo, la pratica	file
la cartella	folder
il blocco per appunti	notebook, scratch pad (US)
la perforatrice	hole punch
la pinzatrice, la cucitrice, la spillatrice	stapler
il punto metallico	staple
la graffetta	paperclip
le forbici	scissors
il nastro adesivo, lo Scotch™	Sellotape™, Scotch tape™
il bianchetto	correcting fluid
la penna	pen
la penna a sfera	ballpoint pen
la matita	pencil
l'evidenziatore (M)	highlighter
la macchina da scrivere	typewriter
il computer	computer
la stampante	printer
la cartuccia (della stampante)	ink cartridge
il direttore/la direttrice generale	managing director
il direttore/la direttrice del personale	personnel manager
l'impiegato/-a	office worker/clerk
il segretario/la segretaria	secretary
il segretario/la segretaria di direzione	PA
il/la receptionist	receptionist
il/la collega	colleague
il/la tirocinante	trainee

il bilancio	balance sheet
la riunione	meeting
lavoratore	hard-working
pigro	lazy
efficiente	efficient
stressante	stressful
competente	competent
timbrare il cartellino in entrata/in uscita	to clock in/out
pagare	to pay
licenziare	to dismiss, sack
entrare	to enter
uscire	to leave
riposare	to rest
accettare di fare	to agree to do
mandare un fax	to send a fax
fare una telefonata all'estero	to make an international call
le passo...	I'll put you through to...
la linea è occupata	the line is engaged
attenda in linea, per favore	hold on, please
l'orario d'ufficio	office hours
l'orario flessibile	flexitime
il giorno di paga	pay day
la comunicazione di servizio	memo
la pausa caffè	coffee break
lo straordinario	overtime
essere indietro col lavoro	to be behind with one's work

Language in action

Comunicazione di servizio

Cedolini dello stipendio: stampare in duplice copia o fotocopiare
Concorsi: controllare i fascicoli, richedere la documentazione
mancante, spedire le convocazioni (candidati, selezionatori)
Stampare la relazione
Ferie: password per accedere al programma, "maschera"
Corrispondenza: inviare entro le 15.00 (il venerdì entro le 13.00)
Pratiche archiviate: cartelle rosse, stato civile; verdi, mansioni
Fax: rivolgersi alla reception (il nostro è guasto)
Forniture d'ufficio: utilizzare l'apposito modulo per gli ordini
Fotocopiatrice: in caso di guasto contattare M. Boni (interno 6253)
Sindacati: riunione tutti i primi lunedì del mese
Telefono: niente chiamate personali

il programmatore/la programmatrice	computer programmer
l'informatico/a	computer scientist
il computer	computer
il PC	PC
il portatile, il laptop	laptop
il terminale	terminal
lo schermo	screen
il monitor	monitor
la tastiera	keyboard
il tasto	key
il cursore	cursor
il mouse	mouse
la memoria	memory
la RAM	RAM
la ROM	ROM
il disco rigido, l'hard disk	hard disk
l'unità floppy (F)	disk drive
il floppy disk	diskette
il CD-ROM	CD-ROM
il DVD	DVD
l'hardware (M)	hardware
il software	software
il sistema	system
il programma	program
la funzione	function
il menu	menu
la finestra	window
l'icona	icon
il file	file
il documento	document
l'elaborazione testi	word processing
il foglio di calcolo	spreadsheet
il data base, l'archivio dati	database
i dati	data
il desktop publishing	desktop publishing
il back-up	back-up
la password	password
il sistema operativo	operating system
la stampante	printer
la stampa	printout
lo scanner (piatto)	(flatbed) scanner
il modem	modem

la posta elettronica, l'e-mail	*e-mail*
il virus	*virus*
facile da usare	*user-friendly*
compatibile	*compatible*
informatizzare	*to computerize*
cancellare	*to cancel*
applicare	*to apply*
connettere/connettersi	*to connect*
inserire	*to insert*
installare	*to install*
programmare	*to program*
salvare	*to save*
memorizzare	*to store*
copiare	*to copy*
tagliare	*to cut*
incollare	*to paste*
un computer facile da usare	*a user-friendly computer*
una copia pirata	*a pirate copy*
connettersi/ disconnettersi	*to log on/off*
il crash del sistema	*a system crash*
il computer si è piantato*	*the computer has crashed*
premere un tasto	*to press a key*
fare clic/doppio clic	*to click/to double-click*

Language in action

- Mariano, tu sei un informatico, no? Mi potresti aiutare con il computer?
- Cosa c'è che non va?
- Non riesco ad entrare nel sistema, ogni volta che provo a connettermi si pianta.
- Quando si sono presentati i primi problemi?
- Ieri. Ho dovuto cambiare il lettore CD perché non funzionava bene e da allora ogni volta che tento di accedere mi va in crash.
- Beh, il lettore CD potrebbe non essere compatibile con il disco rigido oppure potresti avere un virus.
- Questo non lo credo possibile perché aggiorno costantemente il programma anti-virus.
- Purtroppo ne viene fuori uno nuovo tutti i giorni e se usi la posta elettronica potresti averne ricevuto uno in qualche allegato. Vengo a dargli un'occhiata.

la fabbrica	*factory*
il proprietario/la proprietaria	*owner*
il capo	*boss*
il padrone/la padrona	*boss*
il lavoratore/la lavoratrice	*worker*
l'operaio/-a	*factory worker*
l'apprendista (M/F)	*apprentice*
il magazziniere	*warehouseman*
la macchina	*machine*
la catena di montaggio	*assembly line*
il magazzino	*warehouse*
il laboratorio	*workshop*
l'imballaggio	*packing*
la cassa, la scatola	*box, carton*
il turno (di mattina/di notte)	*(morning/night) shift*
la pausa	*pause*
il salario	*wages*
lo stipendio	*salary*
il premio di produzione	*bonus*
la commissione	*commission*
la busta paga	*pay packet*
il giro d'affari	*turnover*
il sindacato	*trade union*
il/la sindacalista	*trade unionist*
lo/la scioperante	*striker*
lo sciopero	*strike*
la rivendicazione	*demand*
il picchetto, il picchettaggio	*picket/picket line*
il tribunale del lavoro	*industrial tribunal*
l'incidente sul lavoro (M)	*industrial accident*
il pensionamento	*retirement*
il prepensionamento	*early retirement*
il negozio	*shop*
il punto vendita	*outlet*
la vetrina	*shop window*
il gestore	*manager*
il/la responsabile	*manager*
il/la dipendente	*employee*
il commesso/la commessa	*sales assistant, sales clerk*
il/la commerciante	*shopkeeper*
il cassiere/la cassiera	*cashier*
il/la cliente	*customer*

lo scaffale	*shelves*
il banco (di vendita)	*counter*
i generi alimentari	*foodstuffs*
la merce	*goods*
gli articoli	*articles*
il prodotto	*product*
lo stock	*stock*
la consegna	*delivery*
meccanico	*mechanical*
monotono	*monotonous*
umile	*low*
assumere	*to take on*
chiudere	*to close*
scioperare	*to strike*
licenziare	*to dismiss/make redundant*
minacciare	*to threaten*
essere/entrare in sciopero	*to be/go on strike*
lo sciopero selvaggio	*wildcat strike*
lo sciopero bianco	*work-to-rule*
lo sciopero generale	*general strike*
l'aumento salariale	*pay rise*
lo spaccio aziendale	*factory outlet*
fare l'inventario	*to do a stocktaking*
a prezzi stracciati	*at a knockdown price*
vale la pena darci un'occhiata	*it's worth seeing*

Language in action

- E se approfittassimo della pausa pranzo per fare un giro in quello spaccio aziendale che hanno aperto a due passi da qui?
- Ma dai, non andiamo a rinchiuderci in un orribile magazzino proprio oggi che è una bella giornata! Poi guarda, la sola parola 'magazzino' mi fa venire in mente il mio primo lavoro, quando imballavo cioccolatini tutto il giorno sotto lo sguardo vigile del capo. Secondo lui ero sempre troppo lenta.
- Ti prometto che se vieni non te ne pentirai. Non è un semplice magazzino, è un punto vendita in cui una grande fabbrica liquida le eccedenze di stock. Ci trovi di tutto, compresi capi firmati in vendita a prezzi stracciati. Vedrai, vale la pena anche solo dare un'occhiata. L'unica cosa che ci puoi rimettere è... il portafoglio!

l'Europa (F)	*Europe*
l'Unione Europea, l'UE (F)	*European Union, EU*
l'America del Nord/del Sud	*North/South America*
l'Africa	*Africa*
l'Australia	*Australia*
l'Asia	*Asia*
la Francia	*France*
il Regno Unito	*United Kingdom*
la Gran-Bretagna	*Great Britain*
l'Inghilterra	*England*
la Scozia	*Scotland*
il Galles	*Wales*
l'Irlanda	*Ireland*
l'Irlanda del Nord	*Northern Ireland*
la Germania	*Germany*
l'Austria	*Austria*
l'Italia	*Italy*
la Spagna	*Spain*
il Portogallo	*Portugal*
la Grecia	*Greece*
la Turchia	*Turkey*
l'Olanda	*Holland*
i Paesi Bassi	*the Netherlands*
il Belgio	*Belgium*
il Lussemburgo	*Luxembourg*
la Svizzera	*Switzerland*
la Svezia	*Sweden*
la Norvegia	*Norway*
la Finlandia	*Finland*
la Danimarca	*Denmark*
la Polonia	*Poland*
la Russia	*Russia*
l'Ungheria	*Hungary*
la Romania	*Romania*
la Repubblica Ceca	*Czech Republic*
la Slovacchia	*Slovakia*
la Croazia	*Croatia*
l'India	*India*
il Pakistan	*Pakistan*
il Bangladesh	*Bangladesh*
la Cina	*China*
il Giappone	*Japan*

la Nuova Zelanda	New Zealand
gli Stati Uniti	United States, USA
il Canada	Canada
le Antille	West Indies
il Marocco	Morocco
la Tunisia	Tunisia
l'Algeria	Algeria
la regione	region
la Basilicata	Basilicata
la Calabria	Calabria
la Campania	Campania
l'Emilia-Romagna	Emilia-Romagna
il Friuli-Venezia Giulia	Friuli-Venezia Giulia
il Lazio	Lazio
la Liguria	Liguria
la Lombardia	Lombardy
le Marche	the Marches
il Molise	Molise
il Piemonte	Piedmont
la Puglia	Apulia
la Sardegna	Sardinia
la Sicilia	Sicily
la Toscana	Tuscany
il Trentino-Alto Adige	Trentino-Alto Adige
l'Umbria	Umbria
la Valle d'Aosta	Valle d'Aosta
il Veneto	Veneto
in Italia	in/to Italy
nel Regno Unito	in/to the United Kingdom
vivere a/in...	to live in...
essere nato a/in...	to be born in...
essere italiano	to be from Italy
voler conoscere	to want to go and see
mi piacerebbe visitare...	I'd like to visit...

la nazionalità	*nationality*
l'italiano/-a	*Italian man/-woman*
il britannico/la britannica	*British man/woman*
gli Italiani	*the Italians*
i Britannici	*the British*
l'inglese (M/F)	*Englishman/-woman*
lo/la scozzese	*Scotsman/-woman*
il/la gallese	*Welshman/-woman*
l'irlandese (M/F)	*Irishman/-woman*

(*other nationality nouns are formed as above*)

la religione	*religion*
il cristianesimo	*Christianity*
il cattolicesimo	*Catholicism*
il protestantesimo	*Protestantism*
la chiesa ortodossa	*Orthodox Church*
l'islam (M)	*Islam*
l'ebraismo	*Judaism*
l'induismo	*Hinduism*
il buddismo	*Buddhism*
l'agnosticismo	*agnosticism*
l'ateismo	*atheism*

europeo	*European*
italiano	*Italian*
britannico	*British*
inglese	*English*
scozzese	*Scottish*
gallese	*Welsh*
irlandese	*Irish*
spagnolo	*Spanish*
portoghese	*Portuguese*
francese	*French*
greco	*Greek*
tedesco	*German*
austriaco	*Austrian*
svizzero	*Swiss*
olandese	*Dutch*
belga	*Belgian*
lussemburghese	*of/from Luxembourg*
svedese	*Swedish*
norvegese	*Norwegian*
danese	*Danish*

finlandese	*Finnish*
croato	*Croatian*
polacco	*Polish*
russo	*Russian*
ungherese	*Hungarian*
ceco	*Czech*
slovacco	*Slovakian*
(nord-/sud-)americano	*(North/South) American*
(nord-/sud-)africano	*(North/South) African*
australiano	*Australian*
asiatico	*Asian*
indiano	*Indian*
pakistano	*Pakistani*
cinese	*Chinese*
giapponese	*Japanese*
neozelandese	*of/from New Zealand*
canadese	*Canadian*
abruzzese	*Abruzzian*
lucano	*of/from Basilicata*
calabrese	*Calabrian*
campano	*Campanian*
emiliano, romagnolo	*of/from Emilia-Romagna*
friulano	*Friulian*
laziale	*of/from Lazio*
ligure	*Ligurian*
lombardo	*Lombard*
marchigiano	*of/from the Marches*
molisano	*of/from Molise*
piemontese	*Piedmontese*
pugliese	*Apulian*
sardo	*Sardinian*
siciliano	*Sicilian*
toscano	*Tuscan*
trentino	*of/from Trentino-Alto Adige*
umbro	*Umbrian*
valdostano	*of/from Valle d'Aosta*
veneto	*of/from Veneto*
cristiano	*Christian*
cattolico	*Catholic*
protestante	*Protestant*
ortodosso	*Orthodox*
musulmano	*Muslim*
ebreo	*Jewish*
indù	*Hindu*
buddista	*Buddhist*

l'industria siderurgica	*iron and steel industry*
l'industria navale	*shipbuilding industry*
l'industria chimica	*chemical industry*
l'industria farmaceutica	*pharmaceutical industry*
l'industria petrolifera	*oil industry*
l'industria metallurgica	*metalworking industry*
l'industria cartaria	*paper industry*
l'industria vetraria	*glass industry*
l'industria tessile	*textile industry*
l'industria alimentare	*food industry*
l'industria lattiero-casearia	*dairy industry*
la produzione di carne	*meat-production*
la pesca, l'industria ittica	*fishing (industry)*
l'industria conserviera	*canning industry*
l'industria vinicola	*wine industry*
l'industria automobilistica	*car industry*
l'industria aeronautica	*aeronautics industry*
l'industria elettronica	*electronic industry*
l'industria informatica	*computer industry*
le arti grafiche	*graphic arts*
l'industria mineraria	*mining industry*
l'edilizia	*building industry*
l'industria del turismo	*tourist industry*
l'industria della moda	*fashion industry*
il giacimento di petrolio	*oilfield*
la piattaforma petrolifera	*oil rig*
la raffineria di petrolio	*oil refinery*
l'oleodotto	*oil pipe*
l'acciaieria	*steel mill*
l'altoforno	*blast furnace*
la vetreria	*glassworks*
la cartiera	*paper mill*
la tipografia	*printing press*
il lanificio	*woollen mill*
il cotonificio	*cotton mill*
la segheria	*sawmill*
il cantiere navale	*shipyard*
la miniera	*mine*
il bacino idroelettrico	*hydroelectric dam*
la centrale idroelettrica	*hydroelectric power station*
la centrale nucleare	*nuclear power plant*
la centrale elettrica	*power station*
lo stabilimento del gas	*gas works*

il mattatoio	*slaughterhouse*
i macchinari	*machinery*
progressivo	*gradual*
economico	*economical*
industriale	*industrial*
fabbricare	*to manufacture*
produrre	*to produce*
importare	*to import*
esportare	*to export*
investire	*to invest*
estrarre (per fusione)	*to smelt*
fondere	*to cast* (metal)
costruire	*to build*
stampare	*to print*
estrarre	*to extract*
sfruttare	*to operate, exploit*
la riconversione industriale di un settore	*rationalization of a sector*
la sovvenzione statale	*government subsidy*
l'aiuto all'industria	*aid to industry*
la cessazione d'attività	*cessation of activity*

Language in action

- Sei preoccupato? Qualcosa non va?
- Pensavo alla lepre che per poco ho investito l'altra sera. Ti ricordi?
Le ho dato dell'incosciente per essersi scavata la tana tra l'aeroporto
e l'autostrada, ma in fondo noi non siamo stati molto più accorti.
La casa in cui abitiamo è pochi chilomtri da una fabbrica chimica,
a ovest c'è la centrale elettrica e tutta la zona è disseminata di
gallerie della vecchia miniera. Quanto alla casa di campagna, chissà
se un giorno non decideranno di inondare la valle per costruire un
bacino idroelettrico...
- A me la cosa che disgusta maggiormente sono gli allevamenti in
batteria. Beh, per non parlare dei mattatoi, preferisco non sapere se
ce ne sono nelle vicinanze. Il fatto è che alla minima cessazione di
attività di un'industria centinaia di operai si ritrovano disoccupati in
un batter d'occhio. A conti fatti, forse non siamo noi quelli che
stanno noi peggio.

53 Business & finance

gli affari	*business*
il/la grossista	*wholesaler*
il/la dettagliante	*retailer*
gli utili	*profits*
i guadagni	*earnings*
il fatturato	*turnover*
le perdite	*losses*
la contabilità, la ragioneria	*accounting/accountancy*
la fattura	*invoice*
la vendita/le vendite	*sale/sales*
la cifra	*figure*
l'acquisto	*purchase*
il marketing	*marketing*
il/la cliente	*client, customer*
il consumatore/la consumatrice	*consumer*
la concorrenza	*competition*
la fusione	*merger*
il mercato	*market*
l'economia	*economy*
il settore	*sector*
l'esportazione (F)	*export*
l'importazione (F)	*import*
la Borsa	*stock exchange*
l'investimento	*investment*
l'investitore/-trice (M/F)	*investor*
le azioni	*shares*
il capitale	*capital*
l'azionista (M/F)	*shareholder*
l'agente di cambio (M)	*stockbroker*
il rischio	*risk*
la crescita	*growth*
il fallimento	*bankruptcy*
la riorganizzazione	*reorganization*
l'imposta sul reddito	*income tax*
l'IVA (imposta sul valore aggiunto)	*VAT*
il/la contribuente	*taxpayer*
l'anno fiscale	*tax year*
la dichiarazione dei redditi	*tax return*
il debito	*debt*
il déficit	*deficit*

la crisi	crisis
la recessione	recession
l'inflazione (F)	inflation
privato	private
statale	state-run
pubblico	public
fiorente	booming
investire	to invest
pagare	to pay
spendere	to spend
guadagnare	to earn
perdere	to lose
speculare	to speculate
indebitarsi	to get into debt
esportare	to export
importare	to import
dirigere	to lead/head
nazionalizzare	to nationalize
privatizzare	to privatize
il mondo degli affari	the business world
formare una società	to set up a company
ricavare degli utili	to make a profit
i titoli in aumento	rising share prices
l'offerta e la domanda	supply and demand
un'offerta pubblica d'acquisto	a takeover bid
il tasso d'interesse/di cambio	interest/exchange rate
l'economia di mercato	free market economy

Language in action

- Ma non è un grosso rischio lasciare il lavoro per formare una società?
- Non ne sono sicuro. L'azienda per cui lavoro sta per essere privatizzata e ci sarà una riorganizzazione. È vero che per mettere insieme il capitale iniziale mi occorrono almeno due soci, ma sono riuscito a convincere due colleghi a lanciarsi nell'affare: uno è ragioniere e l'altro si occupa di marketing. Unendo le nostre competenze dovremmo riuscire a mettere su una buona impresa. Tra l'altro l'informatica è un settore che tira. Speriamo di ricavare degli utili abbastanza rapidamente.
- E perché no? Tutto sommato non è più rischioso che speculare in Borsa!

il PC	PC
il disco rigido, l'hard disk	hard disk
il modem	modem
la connessione	connection
il bit	bit
il byte	byte
la lingua, il linguaggio	language
la barra degli strumenti	toolbar
Internet	Internet
il browser	browser
il visualizzatore	viewer
il protocollo	protocol
il fornitore di servizi internet	internet service provider, ISP
il server	server
il motore di ricerca	search engine
la chat	chatline
il/la cibernauta	net-surfer
il Web	the Web
il Net	the Net
la pagina Web	web page
il sito	site
la homepage	homepage
l'indirizzo Web	Web address
il dominio	domain
il collegamento, il link	link
il collegamento/il link ipertestuale	hypertext link
la posta elettronica, l'e-mail	e-mail
il messaggio di posta elettronica, l'e-mail	e-mail (message)
l'indirizzo e-mail/di posta elettronica	e-mail address
la chiocciola	@, at sign
la rubrica	address book
i segnalibro	bookmarks
l'allegato	attachment
la posta in arrivo	inbox
la posta in partenza	outbox
digitale	digital
elettronico	electronic
semplicemente	simple

regolarmente	regularly
familiarizzarsi con	to get accustomed to
connettersi a	to connect
accedere a	to access
inviare	to send
inoltrare	to forward
ricevere	to receive
trasferire	to transfer
cancellare	to delete
scaricare	to download
caricare	to load
ricaricare	to reload
condividere	to share
copiare	to copy
stampare	to print
salvare	to save
scaricare un plug-in	to download a plug-in
dare/avere accesso a	to give/have access to
il servizio in linea	on-line service
fermare il caricamento di una pagina	to stop loading a page
il sito Web	Web site
scaricare la posta	to retrieve one's messages
i messaggi cancellati/ inviati	deleted/sent messages

Language in action

Con Internet si può, paradossalmente, vivere da reclusi ed essere in contatto con tutto il mondo. Un PC, un modem e ovviamente un fornitore di servizi internet sono sufficienti a catapultarvi in un universo parallelo. Non è più necessario uscire di casa per fare la spesa o fare la fila agli sportelli degli uffici grazie al recente proliferare di siti di ogni tipo. Attraverso la posta elettronica i vostri amici possono contattarvi in qualsiasi momento senza paura di disturbarvi. Solo qualche piccolo sforzo per familiarizzarvi con le faccine e le regole della netiquette e sarete pronti a diventare un appassionato cibernauta, un professionista dei motori di ricerca o un accanito frequentatore di chat. Unico inconveniente: questa ossessione tecnologica ci può allontanare da tutti quei nostri conoscenti che non si sono ancora convertiti allo schermo e alla tastiera.

il turismo	*tourism*
il viaggio	*journey, trip*
le vacanze, le ferie	*holidays*
il viaggio organizzato	*package tour*
l'agriturismo	*agritourism*
la crociera	*cruise*
la gita, l'escursione (F)	*trip, hike*
il litorale, la costa	*seaside*
la spiaggia	*beach*
la stazione balneare	*seaside resort*
la montagna	*mountain*
la località turistica	*tourist resort*
il luogo di villeggiatura	*holiday resort*
la stazione sciistica	*ski resort*
il villaggio turistico	*holiday village*
la vacanza avventura	*adventure holiday*
l'alloggio	*accommodation*
il soggiorno	*stay*
l'albergo, l'hotel (M)	*hotel*
il bed and breakfast	*bed and breakfast*
il residence	*service apartments*
la pensione	*guest house*
l'appartamento	*apartment*
la villa	*villa*
il bungalow, lo chalet	*cabin, chalet*
l'ostello della gioventù	*youth hostel*
il campeggio	*camping/campsite*
la tenda	*tent*
il caravan, la roulotte	*caravan*
il camper	*motor home*
l'ufficio del turismo	*tourist office*
l'agenzia di viaggi	*travel agency*
il dépliant	*brochure*
la prenotazione	*booking*
il biglietto	*ticket*
il prezzo	*price*
il supplemento	*supplement*
la camera doppia/singola	*double/single room*
il bagno	*bathroom, bath, swim*
la piscina	*swimming pool*
il viaggiatore/la viaggiatrice	*traveller*
il/la turista	*tourist*

il/la villeggiante	*holidaymaker*
il/la gitante, l'escursionista (M/F)	*tripper, hiker*
turistico	*touristic*
pittoresco	*picturesque*
tranquillo	*quiet*
disteso, rilassato	*relaxed*
animato	*lively*
organizzato	*organized, scheduled*
viaggiare	*to travel*
preparare	*to prepare*
organizzare	*to organize*
prenotare	*to book*
affittare	*to rent*
divertirsi	*to enjoy oneself*
distendersi, rilassarsi	*to relax*
riposare	*to rest*
evitare	*to avoid*
preferire	*to prefer*
andare in vacanza	*to go on holiday*
vedere i monumenti	*to go sightseeing*
viaggiare per conto proprio	*to travel independently*
alta/bassa stagione	*high/low season*
mezza pensione	*half board*
pensione completa	*full board*
prima colazione compresa	*breakfast included*
una camera con bagno	*an en-suite room*
sentirsi a proprio agio	*to feel at ease/comfortable*

Language in action

- Sbrighiamoci a trovare un posto per stanotte, non ho nessuna voglia di fare campeggio come l'altro ieri.
- Ho chiamato due ostelli della gioventù e tre agriturismi mentre tu facevi il pieno. Sono tutti al completo.
- Pazienza, chiama gli alberghi. Sono più cari e meno pittoreschi ma si sta facendo tardi. [...]
- Pronto, albergo Sette Pini? Salve, vorrei prenotare due camere singole per stanotte, se è possibile. Avete solo una camera con letti gemelli? Va benissimo... Sì, grazie, prima colazione compresa [...] per una notte [...] a nome Mazzotti. La ringrazio. [...]
- Quest'albergo è perfetto, proprio a metà strada tra la costa e il sito archeologico. Se decidiamo di fermarci qualche altro giorno possiamo fare delle escursioni nei dintorni. [...]

il viaggio	*trip, travel, journey*
l'itinerario	*itinerary*
la destinazione	*destination*
la traversata	*crossing*
il volo (di linea/charter)	*(scheduled/charter) flight*
la partenza	*departure*
l'arrivo	*arrival*
il ritardo	*delay*
la cancellazione, la soppressione	*cancellation*
il posto	*seat* (in train or plane)
l'aeroporto	*airport*
il porto	*harbour*
la stazione	*(railway) station*
il binario	*platform*
il deposito bagagli	*left luggage*
l'orario	*timetable*
il passeggero/la passeggera	*passenger*
i bagagli	*luggage*
il bagaglio a mano	*hand luggage*
la valigia	*suitcase*
la borsa da viaggio	*travel bag*
lo zaino	*rucksack*
il nécessaire	*toilet bag*
la macchina fotografica	*camera*
il rollino fotografico	*roll of film*
la cartina della città	*town plan*
la cartina (stradale)	*(road) map*
la guida turistica	*tourist guide*
il biglietto	*ticket*
il biglietto di classe turistica	*tourist-class ticket*
il biglietto di business class	*business-class ticket*
il biglietto di prima classe	*first-class ticket*
l'assicurazione di viaggio (F)	*travel insurance*
il passaporto	*passport*
il visto	*visa*
il traveller's cheque	*traveller's cheque*
l'albergo, l'hotel (M)	*hotel*
la reception	*reception*
il piano	*floor*
le scale	*stairs*
l'ascensore (M)	*lift, elevator*

la doccia	shower
il ristorante	resturant
in ritardo	delayed
al completo	full
cancellato/soppresso	cancelled
tardi	late
fare il check in	to check in
imbarcarsi	to board
decollare	to take off
atterrare	to land
salire	to get on
scendere	to get off
partire	to leave
arrivare	to arrive
perdere	to lose, miss
cancellare, sopprimere	to cancel
attendere	to wait
reclamare	to claim/complain
lamentarsi (di)	to complain (about)
indennizzare	to compensate
restituire	to return
rimborsare	to refund
cambiare dei soldi	to change money
fare/scattare delle foto	to take photos
fare coincidenza con	to connect with
ritirare i bagagli	to collect your luggage

Language in action

Spettabile Direzione

Scrivo per lamentarmi del servizio prestato dalla Vs. Compagnia durante il volo effettuato lo scorso 18 maggio sulla rotta Il Cairo-Roma. Al nostro arrivo all'aeroporto del Cairo i Vs. rappresentanti ci hanno informato che il volo era stato cancellato 'per motivi tecnici' e che il prossimo aereo non era disponibile fino al giorno dopo. Siamo stati mandati in albergo per la notte ma una volta lì ci è stato comunicato che non c'erano camere singole e sono stata costretta a dividere la stanza con altri passeggeri. Come se ciò non bastasse, ho dovuto cambiare dei soldi per poter cenare, dato che il ristorante dell'albergo era già chiuso. [...]Con la presente chiedo non solo che mi venga rimborsato il prezzo del biglietto dal Cairo a Roma, ma esigo inoltre un indennizzo per i disagi subiti.

In attesa di un sollecito riscontro, porgo distinti saluti

il mare	*sea*
la costa	*coast*
la scogliera	*cliff*
la baia	*bay*
la cala	*cove*
il porto	*port*
il porto turistico	*yacht marina*
il faro	*lighthouse*
la spiaggia	*beach*
l'alta/la bassa marea	*high/low tide*
la sabbia	*sand*
lo scoglio	*rock*
la conchiglia	*seashell*
la stella marina	*starfish*
il riccio di mare	*sea urchin*
la medusa	*jellyfish*
le alghe	*seaweed*
l'onda	*wave*
il sole	*sun*
la piscina	*swimming pool*
l'ombrellone	*sunshade*
la sedia a sdraio	*sunbed*
il telo da mare	*beach towel*
il costume da bagno	*swimsuit*
i calzoncini da bagno	*swimming trunks*
il bikini	*bikini*
le pinne	*flippers*
il respiratore	*snorkel*
le infradito	*flip-flops*
l'abbronzatura	*suntan*
l'olio/la lozione solare	*suntan oil/lotion*
la protezione solare	*sunscreen*
la protezione totale	*sunblock*
gli occhiali da sole	*sunglasses*
il pedalò	*pedalo*
il surf	*surfboard*
il windsurf	*sailboard*
il salvagente	*rubber ring*
il bracciale	*armband*
il giubbotto salvagente	*life jacket*
il bagnino/la bagnina	*lifeguard*
il gelato	*ice cream*
la nave	*ship*

la barca (a remi)	(rowing) boat
lo yacht	yacht
la barca a vela	sailing boat
il motoscafo	motorboat
il gommone	dinghy
soleggiato	sunny
abbronzato	tanned
spettacolare	spectacular
meraviglioso	wonderful
limpido	cristal clear
veramente, realmente	really
nuotare	to swim
abbronzarsi	to get a tan
fare il bagno	to bathe, have a swim
fare una passeggiata	to go for a walk
cenare	to have dinner
fa molto caldo	it's very hot
c'è il sole	it's sunny
prendere il sole	to sunbathe
passare la giornata	to spend the day
mangiare un gelato	to have an ice cream
fare surf/windsurf	to surf/windsurf
con vista sul mare	with a sea view

Language in action

Cara Marisa,

Ti scrivo da un delizioso paesino sulla costa orientale sarda, dove mi sto godendo due meritate settimane di ferie. C'è un sole splendido, tutte le mattine andiamo in spiaggia a prendere il sole (sono già abbronzatissima! Sì, sì, sto mettendo la protezione solare, non preoccuparti...) e a nuotare. È bellissimo fare il bagno nell'acqua limpida del mare, e tra l'altro bisogna bagnarsi spesso perché fa molto caldo. Pensa che ho provato il windsurf, anche se con scarso successo... Abbiamo fatto delle belle escursioni, ci sono delle scogliere veramente spettacolari da queste parti. La sera di solito facciamo una passeggiata al porto turistico o andiamo a mangiare un gelato in una buonissima gelateria con vista sul mare, e la notte ceniamo in uno dei tanti ristorantini di pesce della zona del porto. Domani passeremo la giornata a visitare le cale vicine con la barca di un amico. Questa sì che è vita!!
Un abbraccio
Daniela

la montagna	mountain
il parco nazionale	national park
la riserva naturale	natural reserve
l'escursionismo	hiking
le camminate	rambling
il trekking	trekking
l'alpinismo	mountaineering
la scalata	climbing
l'arrampicata	rock climbing
il sentiero, la pista	track
il percorso	route
il lago	lake
lo zaino	rucksack
il rifugio	refuge
l'accampamento	camp
il campeggio	campsite/camping
l'attrezzatura da campeggio	camping equipment
la bussola	compass
la tenda	tent
il sacco a pelo	sleeping bag
il materassino pneumatico	air bed
la torcia	torch
il fornello da campeggio	camping stove
la bomboletta di gas	gas cylinder
il bosco	wood
i fiammiferi	matches
l'apribottiglie (M)	can-opener
la scatoletta	tin
il cibo in scatola	canned food
il thermos	Thermos flask
le pedule	walking boots
le scarpe da trekking	trekking boots
gli scarponi da alpinismo	rock-climbing boots
il coltellino tascabile	pocket knife
la piccozza	ice axe
la corda	rope
il campeggiatore/la campeggiatrice	camper
l'alpinista (M/F)	mountaineer
l'arrampicatore/-trice (M/F)	rock-climber
l'escursionista (M/F)	rambler, hiker
la guardia forestale	forest ranger

impegnativo	*hard*
facile	*easy*
difficile	*difficult*
diverso	*different*
lontano, isolato	*remote*
naturale	*natural*
intrepido	*intrepid*
camminare	*to walk*
arrampicarsi, scalare	*to climb*
esplorare	*to explore*
scoprire	*to discover*
trovare	*to find*
volare via	*to be blown away*
la vita all'aria aperta	*the outdoor life*
andare in campeggio	*to go camping*
fare trekking	*to go trekking*
fare escursionismo	*to go hiking*
fare camminate	*to go rambling*
piazzare una tenda	*to pitch a tent*
accendere un fuoco	*to light a fire*
alla luce di	*by the light of*
vivere un'avventura	*to have an adventure*

Language in action

- A quando risalgono queste foto?
- Alla primavera del 2000. È stata la settimana di vacanza peggiore della mia vita.
- Pensavo che Daniele andasse a fare arrampicata con Enrico ogni primavera.
- Sì, ma io e Daniele ci eravamo messi insieme da poco e dato che il tempo era già bello avevamo deciso di fare una settimana di campeggio in collina. La zona è stupenda ed è perfetta per fare escursionismo, però alcuni percorsi sono abbastanza impegnativi e le segnalazioni non sono sempre facili da trovare. Nota bene che né io né lui sapevamo utilizzare correttamente la bussola. Comunque, tra noi la tensione cominciava a crescere e tutto diventava pretesto di litigio: la bomboletta del gas vuota, la tenda che per poco vola via a causa del vento... Un giorno ho scoperto che Daniele si era portato appresso gli scarponi da alpinismo nel caso tra noi due le cose non funzionassero. Non ti dico la litigata... Il giorno dopo è partito per raggiungere Enrico in montagna e io sono rimasta sola a contemplare i laghi...

la montagna	*mountain*
la neve	*snow*
la neve artificiale	*artificial snow*
la nevicata	*snowfall*
la tormenta	*snowstorm/blizzard*
il cumulo di neve	*snowdrift*
la neve farinosa	*powdery snow*
la valanga	*avalanche*
la slavina	*snowslide*
il ghiaccio	*ice*
lo strato di neve	*layer of snow*
il fiocco di neve	*snowflake*
la palla di neve	*snowball*
lo sci	*skiing*
gli sci	*skis*
lo sci di fondo	*cross-country skiing*
lo sci alpino	*downhill skiing*
il salto con gli sci	*ski jumping*
la slitta	*sledge*
lo snowboarding	*snowboarding*
i pattini da ghiaccio	*ice skates*
gli scarponi da sci	*skiboots*
i doposcì	*snow boots*
la tuta da sci	*ski suit*
il bastoncino da sci	*ski stick*
la racchetta da sci	*ski pole*
gli occhiali da sci	*snow goggles*
il berretto di lana	*woolly hat*
i guanti	*gloves*
la stazione sciistica	*ski resort*
lo chalet	*chalet*
la baita, il rifugio alpino	*mountain hut*
l'impianto di risalita	*ski lift*
la seggiovia	*chair lift*
la funivia	*cable car*
la pista da sci	*ski run*
lo spazzaneve	*snow-plough*
il cannone sparaneve	*snow-blower*
la pista per pattinaggio su ghiaccio	*ice-rink*
il lago gelato	*frozen lake*
lo sciatore/la sciatrice	*skier*
il maestro/la maestra di sci	*ski instructor*

il pattinatore/la pattinatrice	*skater*
il/la principiante (M/F)	*beginner*
innevato	*snow-covered*
gelato	*frozen*
freddo	*cold*
semplice	*simple*
inconsciente	*foolhardy*
pericoloso	*dangerous*
fantastico	*great*
sciare	*to ski*
pattinare	*to skate*
frenare	*to slow down*
cadere	*to fall*
imparare	*to learn*
insegnare	*to teach*
la prima neve dell'anno	*the first snow of the year*
le nevi perenni	*eternal snows*
coperto di neve	*snow-covered*
fare snowboarding	*to snowboard*
dare lezioni a	*to give lessons to*
fare un corso	*to do a course*
passare tutta la mattina/ la giornata a fare...	*to spend the whole morning/ day doing...*
rendersi ridicolo	*to look ridiculous/make a fool of oneself*

Language in action

- Perché non vuoi venire con noi in montagna? Il villaggio turistico e la stazione sciistica sono eccellenti. Possiamo affittare uno chalet tutti insieme.
- Non posso, in questo momento sono al verde. Non mi posso permettere gli sci, la tuta, gli occhiali e il resto. Per non parlare delle spese per l'impianto di risalita, le serate nei locali...
- Ma dai! Gli sci si possono noleggiare, quanto al resto non ti preoccupare, posso prestarti io quello che ti serve. E poi saremo troppo stanche per uscire tutte le sere.
- E le cadute? Non ho voglia di finire con una gamba ingessata. È troppo pericoloso, con tutti quegli sciatori incoscienti che ci sono in pista.
- Ah sì? Invece pattinare sul lago gelato come fai tu è una passeggiatina? Non ti capisco... ma aspetta un po'... tu non sai sciare! È arrivato il momento di imparare, ci sono corsi per principianti.
- Sì, per rendermi ridicola! No, grazie.

il tempo	*weather*
il clima	*climate*
il cielo	*sky*
il sole	*sun*
la nuvola	*cloud*
la pioggia	*rain*
l'acquazzone (F)	*shower*
la neve	*snow*
il ghiaccio	*ice*
il gelo	*frost*
la grandine	*hail*
la nebbia	*fog*
la foschia	*mist*
il vento	*wind*
la brezza	*breeze*
l'aria	*air*
la tempesta	*storm*
il temporale	*thunderstorm*
il tuono	*thunder*
il fulmine	*lightning*
il lampo	*flash of lightning*
il caldo	*heat*
il freddo	*cold*
la temperatura	*temperature*
il grado	*degree*
l'umidità (F)	*humidity/dampness*
la carta meteorologica	*weather map*
il bollettino meteorologico	*weather forecast*
la pressione (atmosferica)	*pressure*
la zona di alta/bassa pressione	*area of high/low pressure*
il termometro	*thermometer*
il barometro	*barometer*
la stagione	*season*
la primavera	*spring*
l'estate (F)	*summer*
l'autunno	*autumn*
l'inverno	*winter*
assolato	*sunny*
nuvoloso	*cloudy*
coperto	*overcast*
sgombro	*clear*

piovoso	rainy
afoso	sultry, muggy
tempestoso	stormy
bruciante	hot, burning
freddo	cold
caldo	warm
temperato	mild
secco	dry
umido	damp
variabile	changeable, unsettled
piovere	to rain
nevicare	to snow
rinfrescare	to get cooler/colder
migliorare	to improve
peggiorare	to deteriorate
aumentare	to go up
diminuire	to go down
una pioggia torrenziale	torrential rain
il tempo è bello/brutto	the weather is good/bad
c'è il sole	it's sunny
è afoso	it's sultry, it's muggy
ci sono venticinque gradi	it's twenty-five degrees
è caldo/freddo	it's hot/cold
è nebbioso	it's foggy
piove/nevica	it's raining/snowing
il cielo è coperto	it's cloudy
ci sarà un temporale	there's going to be a storm
ci sarà una gelata stanotte	there's going to be a frost tonight
che bella giornata!	what a lovely day!

Language in action

Che tempo farà.
Oggi le temperature resteranno particolarmente elevate soprattutto nella Bassa Padana e nel centro Italia , isole comprese. Ci sarà un leggero peggioramento del tempo, a partire dal primo pomeriggio, nelle zone alpine con cielo variabile e qualche sparso rovescio. Caldo afoso e cielo variabile al sud, dove in tarda nottata, potremmo assistere ad alcuni temporali sparsi. Le temperature massime e minime si manterranno costanti intorno ai 28-30 gradi. Domani si registrerà un generale abbassamento delle temperature. Venti moderati e mari mossi o molto mossi nel basso Tirreno.

il terreno	terrain
la montagna	mountain
il massiccio montuoso	massif
la catena montuosa	mountain range
il picco	peak
la cima	top, summit
il ghiacciaio	glacier
il fianco della collina/ montagna	hillside/mountainside
la collina	hill
la valle	valley
l'altopiano	plateau
la pianura	plain
la foresta	forest
il bosco	wood
la macchia mediterranea	maquis
la foresta tropicale	tropical rainforest
la palude	marsh(land)
il fiume	river
l'affluente (M)	tributary
il ruscello	stream
il lago	lake
lo stagno	pond
la laguna	lagoon
la cascata	waterfall
la sorgente	spring
la foce	mouth, estuary
la riva	river bank/shore
il canyon	canyon
l'oceano	ocean
il mare	sea
il litorale	coastline
la costa	coast
la scogliera	cliff
il golfo	gulf
il promontorio, il capo	cape
lo stretto	strait
la baia	bay
la cala	cove
il fiordo	fjord
la salina	salt flat
l'isola	island
l'arcipelago	archipelago

il continente	*continent*
la penisola	*peninsula*
il vulcano	*volcano*
il deserto	*desert*
la duna	*dune*
l'oasi (*F*)	*oasis*
la roccia	*rock*
l'iceberg (*M*)	*iceberg*
montagnoso	*mountainous*
roccioso	*rocky*
frastagliato	*jagged*
pianeggiante	*flat*
collinoso	*hilly*
boscoso	*wooded*
desertico	*desert*
fertile	*fertile*
paludoso	*marshy*
alto	*high*
un paesaggio ricco di contrasti	*a landscape full of contrasts*
nord-occidentale/nord-orientale	*north-western/north-eastern*
sud-occidentale/sud-orientale	*south-western/south-eastern*
nord/sud/est/ovest	*north/south/east/west*
sopra il livello del mare	*above sea level*

Language in action

- Raccontami del tuo viaggio in Sardegna.
- È stato incantevole. È una regione piena di contrasti.
- Davvero? Dove sei stato?
- Siamo partiti dalla costa nordorientale, da Olbia. Abbiamo visitato la famosa Costa Smeralda, ne avrai sentito parlare.
- Come no? Il paradiso dei VIP!
- Sì, un paradiso terrestre. Ci sono delle cale raggiungibili solo in barca, dove il mare s'insinua nella roccia granitica che ha dei riflessi magici. E non parliamo del colore dell'acqua! Smeraldina davvero. La vegetazione è bassa, perché la macchia mediterranea è costantemente sferzata dal vento. E i profumi del mirto e del ginepro riempiono l'aria.
- Avete passato tutto il tempo sulla costa?
- No, ci siamo spostati all'interno, dove il paesaggio cambia completamente. Lì trovi massicci montuosi, boschi e sorgenti naturali. Sempre un paradiso ma per chi ama le escursioni e le arrampicate.
- Proprio quello che fa per me!

l'ambiente (M)	environment
l'ecosistema	ecosystem
il movimento ecologico	ecology movement
gli ecologisti	the green party
i Verdi	the Greens
il volontario/la volontaria	volunteer
l'energia solare/eolica	solar/wind power
le energie rinnovabili	renewable energy sources
l'inquinamento	pollution
le radiazioni	radiation
la centrale nucleare	nuclear power station
la centrale elettrica	power station
le scorie radioattive/tossiche	toxic/radioactive waste
la benzina con/senza piombo	leaded/unleaded petrol
il diossido di carbonio	carbon dioxide
il pesticida (M)	pesticide
il mercurio	mercury
il riciclaggio	recycling
il contenitore per la raccolta differenziata del vetro	bottle bank
la discarica	dump
la catastrofe ecologica	environmental disaster
l'incidente nucleare (M)	nuclear accident
la pioggia acida	acid rain
la nube tossica	toxic cloud
la marea nera	oil slick
l'incendio boschivo	forest fire
l'effetto serra	greenhouse effect
il riscaldamento globale	global warming
la desertificazione	desertification
la catastrofe naturale	natural disaster
il terremoto	earthquake
l'uragano	hurricane
il tornado	tornado
l'eruzione vulcanica	volcanic eruption
l'inondazione	flood
la siccità	drought
la carestia	famine
il disastro	blight/disaster
ecologico	ecological

nocivo	harmful
tossico	toxic
inquinante	polluting
colpito, affetto	stricken
ambientale	environmental
biodegradabile	biodegradable
inquinare	to pollute
decontaminare	to decontaminate
proteggere	to protect
salvare	to save
riciclare	to recycle
incenerire	to incinerate
distruggere	to destroy
devastare	devastate
colpire	to affect
aiutare	to help
un prodotto che rispetta l'ambiente	an enviromentally-friendly product
la protezione dell'ambiente	the protection of the environment
riparare i danni	to repair the damage
il buco nell'ozono	the hole in the ozone layer
la fuoriuscita di prodotti tossici	spillage of toxic products
i prodotti/i gas inquinanti	polluting products/gases
vuoto a perdere/non riciclabile	non-returnable/non-recyclable
causare dei seri danni	to cause great damage
l'aiuto internazionale	international aid

Language in action

In questi ultimi anni abbiamo assistito all'incremento di un nuovo tipo di turismo, fatto di ecoturismo e vacanze umanitarie. Malauguratamente le opportunità di venire in aiuto alle popolazioni colpite da calamità naturali o di porre rimedio ai danni causati da uragani e terremoti non mancano. A queste vanno aggiunte altre catastrofi sempre presenti (carestia, guerre, povertà) alle quali sembra ci si sia oramai abituati. In questo contesto gli incidenti causati dall'uomo sembrano ancora più imperdonabili e tristi. Sarà per il piacere di assistere ad uno di questi formidabili slanci di solidarietà, immancabili in queste circostanze, che personaggi senza scrupoli approfittano delle maree nere per ripulire i serbatoi delle petroliere? I numerosi volontari venuti a ripulire le spiagge inquinate ringraziano.

63 Social issues

le problematiche sociali	*social issues*
la disoccupazione (di lunga durata)	*(long-term) unemployment*
il disoccupato/la disoccupata	*unemployed person*
la droga	*drugs*
il drogato/la drogata	*drug addict*
l'eroinomane (M/F)	*heroin addict*
il/la cocainomane	*cocaine addict*
il traffico di droga	*drug dealing*
i senzatetto	*the homeless*
i senza fissa dimora	*the homeless*
la povertà/la miseria	*poverty*
l'accattonaggio	*begging*
il/la mendicante	*beggar*
il barbone/la barbona	*vagrant, tramp*
l'emigrazione (F)	*emigration*
l'immigrazione (F)	*immigration*
l'immigrato clandestino	*illegal immigrant*
l'emarginazione (F)	*marginalization*
l'emarginato/-a	*dropout*
il razzismo	*racism*
il/la razzista	*racist*
la vittima	*victim*
il terrorismo	*terrorism*
l'organizzazione terrorista	*terrorist organisation*
il/la terrorista	*terrorist*
l'allarme bomba (M)	*bomb scare*
il rapimento	*kidnapping*
il dirottamento	*hijacking*
l'ostaggio	*hostage*
il malcontento	*social unrest*
la manifestazione	*demonstration*
lo sciopero	*strike*
la violenza	*violence*
l'Aids	*Aids*
lo/la squatter	*squatter*
le disparità sociali	*social inequality*
sociale	*social*
illegale	*illegal*
vulnerabile	*vulnerable*
escluso	*excluded*

solidale	*united*
rivoluzionario	*revolutionary*
indipendentista	*pro-independence*
drogarsi	*to take drugs*
disintossicarsi	*to detox*
sequestrare	*to kidnap*
liberare	*to free*
evadere	*to escape*
maltrattare	*to abuse, mistreat*
farsi*	*to take drugs*
la comunità (terapeutica)	*detox center*
essere disoccupato	*to be unemployed*
il reinserimento nella società	*social rehabilitation*
dormire per strada	*to sleep rough*
contagiare qualcuno	*to pass on an illness to someone*
rivendicare un attentato	*to claim responsibility for an attack*
mostrarsi solidale	*to show solidarity*
la mancanza di solidarietà	*lack of solidarity*
la ONLUS (*organizzazione non lucrativa di utilità sociale*)	*non-profit organization*

Language in action

Luigi lavora per una ONLUS già da qualche anno.
È un'organizzazione nata dall'associazione di vicini del suo quartiere. "In questo quartiere ci sono molti problemi sociali: molta disoccupazione, molte violenze in famiglia, molta povertà. Ma la cosa peggiore è la droga. All'inizio erano pochi casi isolati, ma adesso quasi tutti hanno un familiare o un amico che si fa". Luigi ed un gruppo di amici decisero che dovevano fare qualcosa per riuscire a risolvere questi problemi. Cominciarono a cercare fondi, all'inizio nel quartiere, poi organizzando festival e altre iniziative. Infine arrivarono anche i contributi pubblici. Dopo alcuni anni di tenaci sforzi l'organizzazione ha dato vita ad una comunità terapeutica dove lavorano assistenti sociali, medici, psicologi. Oltre a proporre un programma di disintossicazione la comunità si occupa anche di trovare un lavoro ai tossicodipendenti per facilitare il loro reinserimento nella società. "Ma non ci fermeremo qui..."

la politica	*politics*
il politico	*politician*
il governo	*government*
il presidente	*president*
il capo del Governo	*prime minister*
il ministro	*minister*
il/la parlamentare	*member of Parliament*
la legislatura	*term of office*
il Parlamento	*parliament*
il Senato	*senate*
la Camera dei deputati	*Chamber of deputies*
il seggio	*seat (in parliament)*
il deputato	*deputy*
il senatore/la senatrice	*senator*
il partito (politico)	*(political) party*
la democrazia	*democracy*
le elezioni	*elections*
il referendum	*referendum*
il voto	*vote*
l'elettore/-trice (M/F)	*voter*
l'astensione (dal voto) (F)	*abstention*
il risultato	*result*
l'opposizione (F)	*opposition*
la repubblica	*republic*
la monarchia	*monarchy*
il re/la regina	*king/queen*
la dittatura	*dictatorship*
il dittatore	*dictator*
il colpo di stato, il golpe	*coup d'etat*
l'autonomia	*autonomy, self-government*
il nazionalismo	*nationalism*
il separatismo	*separatism*
il capitalismo	*capitalism*
il socialismo	*socialism*
il comunismo	*communism*
il fascismo	*fascism*
la globalizzazione	*globalization*
l'UE (F)	*EU*
la pace	*peace*
i diritti dell'uomo	*human rights*
il Terzo Mondo	*Third World*
l'economia di mercato	*market economy*

democratico	*democratic*
giusto/ingiusto	*just/unjust*
repressivo	*repressive*
totalitario	*totalitarian*
regionale	*regional*
conservatore	*conservative*
progressista	*progressive*
liberale	*liberal*
di destra	*right-wing*
di sinistra	*left-wing*
fascista	*fascist*
comunista	*communist*
socialista	*socialist*
nazionalista	*nationalist*
separatista	*separatist*
votare	*to vote*
eleggere	*to elect*
governare	*to govern*
protestare	*to protest*
manifestare	*to demonstrate*
dimettersi	*to resign*
promettere	*to promise*
il sistema/il regime politico	*political system/regime*
essere di destra/di sinistra	*to be left-wing/right-wing*
le elezioni regionali/comunali	*regional/local elections*
presentarsi alle elezioni	*to stand for election*
andare alle urne	*to go to the polls*
la campagna elettorale	*political campaign*
il programma elettorale	*electoral manifesto*
la propaganda politica	*political propaganda*
la maggioranza assoluta	*absolute majority*
formare una coalizione	*to form a coalition*
un governo di coalizione	*a coalition government*
una sconfitta schiacciante	*a crushing defeat*
la classe operaia/dirigente	*working/ruling class*
la borghesia	*the middle classes*
i paesi in via di sviluppo	*developing countries*

il crimine, il reato, il delitto	crime
la criminalità, la delinquenza	crime, delinquency
la rapina	robbery
il furto con scasso	burglary
l'aggressione a scopo di rapina (F)	hold-up/mugging
il ladro/la ladra	robber, thief
lo scassinatore/la scassinatrice	burglar
il/la criminale	criminal
l'omicidio	murder
l'omicida (M/F)	murderer
gli abusi sui minori	child abuse
gli abusi sessuali	sexual abuse
l'aggressione (F)	aggression/attack/assault
la violenza sessuale, lo stupro	rape
l'aggressore (M)	attacker
il truffatore/la truffatrice	crook
il ricatto	blackmail
la polizia	police
l'agente di polizia (M/F)	police officer
la centrale di polizia, la questura	police station
la confessione	confession
il detenuto/la detenuta	prisoner
il mandato	warrant
i precedenti penali	criminal record
il tribunale	tribunal
l'avvocato difensore	defence lawyer
il procuratore della Repubblica	public prosecutor
il/la giudice	judge
la giuria	jury
il processo	trial
la prova	proof
il/la testimone	witness
la sentenza, la condanna	sentence
la reclusione	imprisonment
la pena capitale	capital punishment
la pena di morte	death penalty
l'ergastolo	life sentence
la multa	fine

la detenzione	detention
il carcere	prison, jail
la cella	cell
il carcerato/la carcerata	prisoner
il recidivo/la recidiva	reoffender
criminale	criminal
innocente	innocent
colpevole	guilty
presunto	alleged
accusato (di)	charged (with)
rubare	to steal
aggredire a scopo di rapina	to hold up/mug
aggredire	to assault
maltrattare, abusare di	to abuse
ricattare	to blackmail
processare	to try
appellarsi	to appeal
scarcerare	to free
la lotta alla criminalità	the fight against crime
commettere un reato	to commit a crime
la rapina a mano armata	armed robbery
i maltrattamenti coniugali	domestic violence
citare qualcuno in giudizio	to take someone to court
vincere/perdere una causa	to win/lose a case
pronunciare la sentenza	to pass sentence
condannare qualcuno a cinque anni di reclusione	to sentence someone to five years' imprisonment
scontare una pena (detentiva)	to serve a (prison) sentence

Language in action

Ieri si è svolto a Milano il processo ad una banda di truffatori particolarmente attivi in Lombardia negli ultimi cinque anni. La loro tattica, veramente ingegnosa, consisteva nell'acquistare informazioni da dipendenti del settore industriale e della ricerca con il pretesto di rivenderle ad aziende concorrenti.In realtà, gli apprendisti spioni venivano fotografati nell'atto di consegnare i segreti industriali e tali foto erano in seguito utilizzate per ricattarli. Il capo della banda, soprannominato Filippo l'anguilla, era una vecchia conoscenza della polizia. Questa volta è stato condannato a cinque anni di reclusione[...]

Useful phrases/Frasi utili

yes, please	sì, grazie
no, thank you	no, grazie
sorry	scusa
excuse me	mi scusi
you're welcome	prego
I'm sorry, I don't understand	scusi, non capisco

Meeting people / Incontri

hello/goodbye	ciao/arrivederci
how do you do?	come sta?
how are you?	come stai?
nice to meet you	piacere

Asking questions / Fare domande

do you speak English/Italian?	parli inglese/italiano?
what's your name?	come ti chiami?
where are you from?	di dove sei?
where is…?	dov'è…?
can I have…?	posso avere…?
would you like…?	vuoi…?
do you mind if…?	le dispiace se…?

Statements about yourself / Presentarsi

my name is…	mi chiamo…
I'm English/Italian	sono inglese/italiano
I don't speak Italian/English	non parlo molto bene
very well	l'italiano/l'inglese
I'm here on holiday	sono qui in vacanza
I live near York/Pisa	abito vicino a York/Pisa

Emergencies / Emergenze

can you help me, please?	mi può aiutare, per favore?
I'm lost	mi sono perso
I'm ill	sto male
call an ambulance/the Police	chiami un'ambulanza/la polizia
watch out!	attenzione!

❶ Going Places

On the road | Sulla strada

where's the nearest garage/petrol station (US filling station)?
dov'è la stazione di servizio più vicina?

what's the best way to get there?
qual è la strada migliore per arrivarci?

I've got a puncture
ho bucato

I'd like to hire a bike/car
vorrei noleggiare una bicicletta/una macchina

I'm looking for somewhere to park
sto cercando parcheggio

there's been an accident
c'è stato un incidente

my car's broken down
ho la macchina in panne

the car won't start
la macchina non parte

By rail | In treno

where can I buy a ticket?
dove si fanno i biglietti?

what time is the next train to York/Milan?
a che ora è il prossimo treno per York/Milano?

do I have to change?
devo cambiare?

can I take my bike on the train?
posso portare la bicicletta sul treno?

which platform for the train to Bath/Florence?
da quale binario parte il treno per Bath/Firenze?

there's a train to London at 10 o'clock
c'è un treno per Londra alle 10

a single/return to Birmingham/Turin, please
un biglietto di sola andata/di andata e ritorno per Birmingham/Torino, per favore

I'd like a cheap day-return/an all-day ticket
vorrei un biglietto giornaliero di andata e ritorno a tariffa ridotta

I'd like to reserve a seat
vorrei prenotare un posto

At the airport

when's the next flight to Paris/Rome?

what time do I have to check in?

where do I check in?

I'd like to confirm my flight

I'd like a window seat/an aisle seat

I want to change/cancel my reservation

All'aeroporto

quand'è il prossimo volo per Parigi/Roma?

a che ora si fa il check-in?

dov'è il check-in?

vorrei confermare il mio volo

vorrei un posto accanto al finestrino/di corridoio

voglio cambiare/annullare la mia prenotazione

Getting there

could you tell me the way to the castle?

how long will it take to get there?

how far is it from here?

which bus do I take for the cathedral?

can you tell me where to get off?

how much is the fare to the town centre (US center)?

what time is the last bus?

how do I get to the airport?

where's the nearest underground (US subway) station?

can you call me a taxi, please?

take the first turning right

turn left at the traffic lights/ just past the church

I'll take a taxi

Chiedere e dare indicazioni

può indicarmi la strada per il castello?

quanto ci vuole per arrivarci?

quanto dista da qui?

quale autobus devo prendere per andare al duomo?

può dirmi dove devo scendere?

quant'è la tariffa per il centro?

a che ora è l'ultimo autobus?

come si arriva all'aeroporto?

dov'è la metropolitana più vicina?

può chiamarmi un taxi, per favore?

prenda la prima svolta a destra

al semaforo giri a sinistra/ appena dopo la chiesa

prenderò un taxi

❷ Keeping in touch

On the phone	Al telefono
where can I buy a phone card?	dove si comprano le schede telefoniche?
may I use your phone?	posso usare il telefono?
do you have a mobile?	ha il telefonino?
what is the code for Venice/Sheffield?	qual è il prefisso di Venezia/Sheffield?
I want to make a phone call	vorrei fare una telefonata
I'd like to reverse the charges (US call collect)	vorrei fare una telefonata a carico del destinatario
the line's engaged (US busy)	è occupato
there's no answer	non risponde nessuno
hello, this is Natalie	pronto, sono Natalie
is Richard there, please?	c'è Richard, per favore?
who's calling?	chi parla?
sorry, wrong number	ha sbagliato numero
just a moment, please	un attimo, prego
would you like to hold?	vuole attendere in linea?
please tell him/her I called	gli/le dica che ho chiamato, per favore
I'd like to leave a message for him/her	vorrei lasciare un messaggio
I'll try again later	riproverò più tardi
please tell her that Clare called	le dica che ha chiamato Clare
can he/she ring me back?	mi può richiamare?
my home number is…	il mio numero è…
my business number is…	il mio numero al lavoro è…
my fax number is…	il mio numero di fax è…
we were cut off	è caduta la linea

Writing

what's your address?

here's my business card

where is the nearest post office?

could I have a stamp for the UK/Italy, please?

I'd like stamps for two postcards to the USA, please

I'd like to send a parcel/a telegram

Corrispondenza

qual è il tuo indirizzo?

questo è il mio biglietto da visita

dov'è l'ufficio postale più vicino?

mi dà un francobollo per la Gran Bretagna/l'Italia, per favore?

vorrei due francobolli per cartolina per gli Stati Uniti, per favore

vorrei spedire un pacco/mandare un telegramma

On line

are you on the Internet?

what's your e-mail address?

we could send it by e-mail

I'll e-mail it to you on Thursday

I looked it up on the Internet

the information is on their website

Internet

sei su Internet?

qual è il tuo indirizzo di posta elettronica?

possiamo spedirlo con la posta elettronica

te lo mando per posta elettronica giovedì

l'ho cercato su Internet

le informazioni si trovano sul sito web

Meeting up

what shall we do this evening?

where shall we meet?

I'll see you outside the café at 6 o'clock

see you later

I can't today, I'm busy

Appuntamenti

cosa facciamo stasera?

dove ci diamo appuntamento?

ci vediamo davanti al bar alle 6

a più tardi

oggi non posso, sono impegnato

❸ Food and drink

Booking a restaurant

can you recommend a good restaurant?

I'd like to reserve a table for four

a reservation for tomorrow evening at eight o'clock

I booked a table for two

Prenotare un ristorante

può consigliarmi un buon ristorante?

vorrei prenotare un tavolo per quattro

una prenotazione per domani sera alle otto

ho prenotato un tavolo per due

Ordering

could we see the menu/wine list, please?

do you have a vegetarian/children's menu?

could we have some more bread/wine?

could I have the bill (US check)?

a bottle of mineral water, please

as a starter ... and to follow ...

a black/white coffee

we'd like to pay separately

Ordinare

possiamo avere il menù/la carta dei vini, per favore?

avete un menù vegetariano/per bambini?

possiamo avere dell'altro pane/vino?

il conto, per favore

una bottiglia d'acqua minerale, per favore

come antipasto ... e poi ...

un caffè/un caffè macchiato

conti separati, per favore

Reading a menu

cover charge

starters

soups/first courses

main courses

dish/soup of the day

salads/choice of vegetables

meat/game and poultry

side dishes

desserts

drinks

Leggere il menù

coperto

antipasti

minestre/primi piatti

secondi piatti

piatto/minestra del giorno

insalate/verdure a scelta

carne/selvaggina e pollame

contorni

dolci

bevande

Any complaints?

there's a mistake in the bill
(US check)

the meat isn't cooked/
is overdone

that's not what I ordered

we are waiting to be served

we are still waiting for our drinks

my coffee is cold

the wine is not chilled

Lamentele?

c'è un errore nel conto

la carne è poco/troppo cotta

non avevo ordinato questo

stiamo aspettando che ci
servano

stiamo ancora aspettando da
bere

il caffè è freddo

il vino non è fresco

Food shopping

where is the nearest super-
market?

is there a baker's/butcher's
near here?

can I have a carrier bag

how much is it?

I'll have that one/this one

Fare la spesa

dov'è il supermercato più
vicino?

c'è una panetteria/macelleria
qui vicino?

mi dà un sacchetto di plastica

quant'è?

prendo quello/questo

On the shopping list

I'd like some bread

that's all, thank you

a bit more/less, please

that's enough, thank you

100 grams of salami/cheese

half a kilo of tomatoes

a packet of tea

a carton/litre of milk

a can/bottle of beer

La lista della spesa

vorrei del pane

nient'altro, grazie

un po' di più/meno, grazie

basta così, grazie

un etto di salame/formaggio

mezzo chilo di pomodori

un pacchetto di tè

un cartone/litro di latte

una lattina/bottiglia di birra

❹ Places to stay

Camping

can we pitch our tent here?	possiamo montare la tenda qui?
can we park our caravan here?	possiamo parcheggiare la roulotte qui?
what are the facilities like?	che attrezzature ci sono?
how much is it per night?	quant'è a notte?
where do we park the car?	dov'è il parcheggio?
we're looking for a campsite	stiamo cercando un campeggio
this is a list of local campsites	questo è l'elenco dei campeggi della zona
we go on a camping holiday every year	andiamo in campeggio tutti gli anni

In campeggio

At the hotel

I'd like a double/single room with bath	vorrei una camera doppia/singola con bagno
we have a reservation in the name of Morris	abbiamo prenotato a nome Morris
we'll be staying three nights, from Friday to Sunday	ci fermiamo tre notti, da venerdì a domenica
how much does the room cost?	quant'è la camera?
I'd like to see the room, please	vorrei vedere la camera, per favore
what time is breakfast?	a che ora è la colazione?
can I leave this in your safe?	posso lasciare questo nella cassaforte?
bed and breakfast	camera e prima colazione
we'd like to stay another night	vorremmo fermarci un'altra notte
please call me at 7:30	mi chiami alle 7:30, per favore
are there any messages for me?	ci sono messaggi per me?

In albergo

Hostels

could you tell me where the youth hostel is?

what time does the hostel close?

I'm staying in a hostel

the hostel we're staying in is great value

I know a really good hostel in Dublin

I'd like to go backpacking in Australia

Ostelli

mi sa dire dov'è l'ostello della gioventù?

a che ora chiude l'ostello?

alloggio in un ostello

l'ostello in cui alloggiamo è molto conveniente

conosco un ottimo ostello a Dublino

mi piacerebbe girare l'Australia con zaino e sacco a pelo

Rooms to let

I'm looking for a room with a reasonable rent

I'd like to rent an apartment for a few weeks

where do I find out about rooms to let?

what's the weekly rent?

I'm staying with friends at the moment

I rent an apartment on the outskirts of town

the room's fine—I'll take it

the deposit is one month's rent in advance

In affitto

vorrei affittare una camera a prezzo modico

vorrei affittare un appartamento per qualche settimana

dove posso informarmi su camere in affitto?

quant'è l'affitto alla settimana?

al momento alloggio presso amici

affitto un appartamento in periferia

la camera mi piace, la prendo

la caparra è di un mese d'affitto

❺ Shopping and money

At the bank

I'd like to change some money	vorrei cambiare dei soldi
I want to change some lire into pounds	vorrei cambiare delle lire in sterline
do you take Eurocheques?	accettate Eurochèque?
what's the exchange rate today?	quant'è il tasso di cambio oggi?
I prefer traveller's cheques (US traveler's checks) to cash	preferisco i traveller's cheque al contante
I'd like to transfer some money from my account	vorrei fare un bonifico
I'll get some money from the cash machine	prenderò dei soldi dal bancomat®
I'm with another bank	ho il conto in un'altra banca

In banca

Finding the right shop

where's the main shopping district?	dov'è la zona commerciale principale?
where's a good place to buy sunglasses/shoes?	qual è il posto migliore per comprare occhiali da sole/scarpe?
where can I buy batteries/postcards?	dove posso comprare pile/cartoline?
where's the nearest chemist/bookshop?	dov'è la farmacia/libreria più vicina?
is there a good food shop around here?	c'è un buon negozio di generi alimentari qui vicino?
what time do the shops open/close?	a che ora aprono/chiudono i negozi?
where can I hire a car?	dove posso noleggiare una macchina?
where did you get those?	dove le/li hai comprati?
I'm looking for presents for my family	sto cercando dei regalini per la mia famiglia
we'll do all our shopping on Saturday	faremo la spesa sabato
I love shopping	adoro fare spese

Il negozio giusto

Are you being served?

how much does that cost?	quanto costa quello?
can I try it on?	posso provarlo?
can you keep it for me?	me lo mette da parte?
could you wrap it for me, please?	me lo incarta, per favore?
can I pay by credit card/cheque (US check)?	posso pagare con la carta di credito/un assegno?
do you have this in another colour (US color)?	c'è in altri colori?
could I have a bag, please?	mi dà un sacchetto, per favore?
I'm just looking	sto solo dando un'occhiata
I'll think about it	ci devo pensare
I'd like a receipt, please	mi dà lo scontrino, per favore?
I need a bigger/smaller size	mi serve la taglia più grande/piccola
I take a size 10/a medium	porto la 42/la media
it doesn't suit me	non mi sta bene
I'm sorry, I don't have any change/anything smaller	mi dispiace, non ho spiccioli/biglietti più piccoli
that's all, thank you	nient'altro, grazie

Nei negozi

Changing things

can I have a refund?	rimborsate i soldi?
can you mend it for me?	può ripararlo?
can I speak to the manager?	posso parlare con il direttore?
it doesn't work	non funziona
I'd like to change it, please	vorrei cambiarlo, per favore
I bought this here yesterday	l'ho comprato qui ieri

Cambiare un acquisto

❻ Sport and leisure

Keeping fit | ### Tenersi in forma

where can we play football/squash?

dove possiamo giocare a calcio/squash?

where is the local sports centre (US center)?

dov'è il centro sportivo della zona?

what's the charge per day?

quant'è la tariffa giornaliera?

is there a reduction for children/a student discount?

c'è uno sconto per bambini/studenti?

I'm looking for a swimming pool/tennis court

sto cercando una piscina/un campo da tennis

you have to be a member

bisogna essere soci

I play tennis on Mondays

gioco a tennis di lunedì

I would like to go fishing/riding

vorrei andare a pescare/a cavallo

I want to do aerobics

vorrei fare aerobica

I love swimming/rollerblading

mi piace nuotare/pattinare

we want to hire skis/snowboards

vorremmo noleggiare degli sci/snowboard

Watching sport | ### Assistere a un incontro sportivo

is there a football match on Sunday?

c'è una partita di calcio domenica?

which teams are playing?

quali squadre giocano?

where can I get tickets?

dove si comprano i biglietti?

I'd like to see a rugby/football match

mi piacerebbe vedere una partita di rugby/calcio

my favourite (US favorite) team is…

la mia squadra preferita è…

let's watch the match on TV

guardiamo la partita in TV

Going to the cinema/theatre/club | ### Andare al cinema/a teatro/in discoteca

what's on?

cosa danno?

when does the box office open/close?	a che ora apre/chiude il botteghino?
what time does the concert/performance start?	a che ora inizia il concerto/lo spettacolo?
when does it finish?	a che ora finisce?
are there any seats left for tonight?	ci sono dei posti per stasera?
how much are the tickets?	quanto costano i biglietti?
where can I get a programme (US program)?	dove si comprano i programmi?
I want to book tickets for tonight's performance	vorrei prenotare dei biglietti per lo spettacolo di stasera
I'll book seats in the circle	prenoterò dei posti in galleria
I'd rather have seats in the stalls	preferirei dei posti in platea
somewhere in the middle, but not too far back	dei posti al centro, ma non troppo distanti
four, please	quattro, per favore
for Saturday	per sabato
we'd like to go to a club	vorremmo andare in discoteca
I go clubbing every weekend	vado in discoteca tutti i fine settimana

Hobbies	Hobby
do you have any hobbies?	che hobby hai?
what do you do at the weekend?	cosa fai il fine settimana?
I like yoga/listening to music	mi piace lo yoga/ascoltare musica
I spend a lot of time surfing the Net	passo molto tempo a navigare in Internet
I read a lot	leggo molto
I collect comic books	faccio collezione di fumetti

❼ Colours

black	nero
white	bianco
grey	grigio
metallic grey	grigio metallizzato
yellow	giallo
yellowy	giallognolo
orange	arancione
red	rosso
bright red	rosso fuoco
scarlet	rosso scarlatto
reddish	rossastro
maroon	bordeaux (inv)
pink	rosa (inv)
baby pink	rosa confetto
purple, violet	viola (inv)
fuchsia	fucsia (inv)
lilac	lilla (inv)
pale blue	celeste
sky blue	azzurro
blue	blu (inv)
navy blue	blu scuro
bluish	bluastro
turquoise	turchese
green	verde
dark green	verde scuro
bottle green	verde bottiglia
emerald green	verde smeraldo
greenish	verdastro
brown	marrone
cream	panna (inv)
beige	beige (inv)
golden	dorato
silver	argentato

what colour is...?	di che colore è..?
the colours of the rainbow	i colori dell'arcobaleno
a green shirt	una camicia verde
a pale green shirt	una camicia verdolina
in shades of green	nelle tonalità del verde
navy-blue socks	calzini blu scuro
brown trousers	dei pantaloni marroni
brown hair	capelli castani
to have light/dark brown hair	avere i capelli castano chiaro/scuro
red suits her	il rosso le sta bene

Idiomatic expressions	**Espressioni idiomatiche**
he really gave me a hard time	me ne ha fatto passare di tutti i colori
to have green fingers	avere il pollice verde
to be green with envy	essere verde d'invidia
to see red	vedere rosso
in black and white	nero su bianco
as red as a beetroot	rosso come un peperone
as white as snow	bianco come la neve
as black as coal	nero come il carbone

❽ Weights, measures, sizes

Length/Lunghezze

inches/pollici	0.39	3.9	7.8	11.7	15.6	19.7	39
cm/centimetri	1	10	20	30	40	50	100

Distance/Distanze

miles/miglia	0.62	6.2	12.4	18.6	24.9	31	62
km/kilometri	1	10	20	30	40	50	100

Weight/Pesi

pounds/libbre	2.2	22	44	66	88	110	220
kg/kilogrammi	1	10	20	30	40	50	100

Capacity/Capacità

gallons/galloni	0.22	2.2	4.4	6.6	8.8	11	22
litres/litri	1	10	20	30	40	50	100

Temperature/Temperature

°C	0	5	10	15	20	25	30	37	38	40
°F	32	41	50	59	68	77	86	98.4	100	104

Clothing and shoe sizes/Taglie e numeri di scarpe

Women's clothing sizes/Abbigliamento femminile

UK	8	10	12	14	16	18
US	6	8	10	12	14	16
Italy	40	42	44	46	48	50

Men's clothing sizes/Abbigliamento maschile

UK/US	36	38	40	42	44	46
Italy	46	48	50	52	54	56

Men's and women's shoes/Scarpe da uomo e da donna

UK women	3	4	5	6	7	7.5	8		
UK men					6	7	8	9	10
US	5.5	6.5	7.5	8.5	9.5	10.5	11.5	12.5	13.5
Italy	36	37	38	39	40	41	42	43	44

metre	il metro
centimetre/millimetre	il centimetro/ millimetro
square/cubic metre	il metro quadrato/cubo
kilometre	il chilometro
it's two hundred kilometres from here	è a duecento chilometri da qui
it's fifteen centimetres long	misura quindici centimetri di lunghezza
two metres by three	due metri per tre
weight	il peso
half a kilo of strawberries	mezzo chilo di fragole
three hundred grams of olives	trecento grammi di olive
it weighs three and a half kilos	pesa tre chili e mezzo
litre	il litro
half a litre	mezzo litro
dozen	la dozzina
half a dozen	la mezza dozzina
pair	il paio
large/small size	la taglia grande/piccola
medium size	la taglia media
outsize clothing	le taglie forti
what size are you? (clothes)	che taglia porti?
what size are you? (shoes)	che numero (di scarpe) porti?
I take a size 5 (shoes)	porto il 38
have you got the same thing in a 14?	avete questo modello nella 46?
one size	taglia unica

❾ Good timing

Telling the time	Dire l'ora
could you tell me the time?	mi dice che ore sono?
what time is it?	che ora è?
it's 2 o'clock	sono le due
at about 8 o'clock	verso le otto
at 9 o'clock tomorrow	domani mattina alle nove
from 10 o'clock onwards	dalle dieci in poi
at 8 a.m./p.m.	alle otto di mattina/di sera
at 5 o'clock in the morning/afternoon	alle cinque del mattino/di sera
it's five past/quarter past/half past one	è l'una e cinque/e un quarto/e mezza
it's twenty-five to/quarter to/five to one	è l'una meno venticinque/meno un quarto/meno cinque
a quarter /three quarters of an hour	un quarto/tre quarti d'ora

Days and dates	Giorni, mesi e date
Sunday, Monday, Tuesday, Wednesday, Thursday, Friday, Saturday	domenica, lunedì, martedì, mercoledì, giovedì, venerdì, sabato
January, February, March, April, May, June, July, August, September, October, November, December	gennaio, febbraio, marzo, aprile, maggio, giugno, luglio, agosto, settembre, ottobre, novembre, dicembre
season	la stagione
spring	la primavera
summer	l'estate
autumn	l'autunno
winter	l'inverno
day	il giorno/la giornata
date	la data
month	il mese
week	la settimana
fortnight	quindici giorni

weekend	il week-end/il fine settimana
public holiday	la festività
year	l'anno
leap year	l'anno bisestile
century	il secolo
what's the date?	quanti ne abbiamo?
today is the fifth of May	è il cinque maggio
tomorrow is the twelfth of April	domani è il 12 aprile
the meeting is on September the eighth	la riunione si terrà l'otto settembre
we're going to Venice in October	andremo a Venezia a ottobre
Monday is a public holiday	lunedì è festa
at the beginning of April	ai primi di aprile
at the end of July	a fine luglio
in mid-September	a metà settembre
in February last year	l'anno scorso a febbraio
in March next year	l'anno prossimo a marzo
a June morning	un mattino di giugno
the January sales	i saldi di gennaio
what day is it?	che giorno è oggi?
it's Thursday	oggi è giovedì
every day	tutti i giorni
every other day	un giorno sì e un giorno no, a giorni alterni
every second/third day	ogni due/tre giorni
on Mondays/Fridays	il lunedì/il venerdì
every Thursday	ogni giovedì
every other Thursday	un giovedì sì e uno no
a week on Monday	lunedì a otto
last/next summer	l'estate scorsa/prossima
next/last year	l'anno prossimo/scorso
a three-year contract	un contratto di tre anni
in 1994	nel 1994

❾ Good timing

Public holidays and special days	Festività
Bank holiday	festa civile
Bank holiday Monday	festa civile che cade di lunedì
long weekend	ponte
New Year's Day (Jan 1)	Capodanno (1 gennaio)
Epiphany (Jan 6)	Epifania (la Befana: 6 gennaio)
St Valentine's Day (Feb 14)	San Valentino (14 febbraio)
Shrove Tuesday/Pancake Day	martedì grasso
Ash Wednesday	mercoledì delle Ceneri
St Joseph's Day (Mar 19)	San Giuseppe (19 marzo)
Mother's Day	Festa della mamma
Palm Sunday	domenica delle Palme
Maundy Thursday	giovedì grasso
Good Friday	venerdì santo
Easter Day	Pasqua
Easter Monday	lunedì dell'Angelo (pasquetta)
Anniversary of the liberation of Italy in 1945	anniversario della Liberazione (25 aprile)
May Day (May 1)	Festa del lavoro (1 maggio)
Father's Day	Festa del papà
Independence Day (Jul 4)	anniversario dell'Indipendenza (4 luglio)
Assumption (Aug 15)	Assunzione (ferragosto: 15 agosto)
Halloween (Oct 31)	vigilia d'Ognissanti
All Saints' Day (Nov 1)	Ognissanti (1 novembre)
Thanksgiving	giorno del Ringraziamento
Christmas Eve (Dec 24)	vigilia di Natale (24 dicembre)
Christmas Day (Dec 25)	Natale (25 dicembre)
Boxing Day (Dec 26)	Santo Stefano (26 dicembre)
New Year's Eve (Dec 31)	San Silvestro (31 dicembre)

Cardinal numbers/Numeri cardinali

0	zero	**zero**
1	one	**uno**
2	two	**due**
3	three	**tre**
4	four	**quattro**
5	five	**cinque**
6	six	**sei**
7	seven	**sette**
8	eight	**otto**
9	nine	**nove**
10	ten	**dieci**
11	eleven	**undici**
12	twelve	**dodici**
13	thirteen	**tredici**
14	fourteen	**quattordici**
15	fifteen	**quindici**
16	sixteen	**sedici**
17	seventeen	**diciassette**
18	eighteen	**diciotto**
19	nineteen	**diciannove**
20	twenty	**venti**
21	twenty-one	**ventuno**
22	twenty-two	**ventidue**
30	thirty	**trenta**
40	forty	**quaranta**
50	fifty	**cinquanta**
60	sixty	**sessanta**
70	seventy	**settanta**
80	eighty	**ottanta**
90	ninety	**novanta**
100	a hundred	**cento**
101	a hundred and one	**centouno**
110	a hundred and ten	**centodieci**
200	two hundred	**duecento**
1,000	a thousand	**mille**
10,000	ten thousand	**diecimila**
100,000	a hundred thousand	**centomila**
1,000,000	a million	**un milione**

Ordinal numbers/Numeri ordinali

1st	first	**primo**
2nd	second	**secondo**
3rd	third	**terzo**
4th	fourth	**quarto**
5th	fifth	**quinto**
6th	sixth	**sesto**
7th	seventh	**settimo**
8th	eighth	**ottavo**
9th	ninth	**nono**
10th	tenth	**decimo**
11th	eleventh	**undicesimo**
20th	twentieth	**ventesimo**
21st	twenty-first	**ventunesimo**
30th	thirtieth	**trentesimo**
40th	fortieth	**quarantesimo**
50th	fiftieth	**cinquantesimo**
100th	hundredth	**centesimo**
1,000th	thousandth	**millesimo**

Also available in the Italian range from
Oxford University Press:

Pocket Oxford Italian Dictionary
85,000 words and phrases,
115,000 translations
0-19-860896-9

Oxford Starter Italian Dictionary
Designed for the absolute beginner
0-19-860714-8

Oxford Italian Minidictionary
Ultra compact—ideal for business and travel
0-19-860544-7

Oxford publishes highly acclaimed dictionaries and language-
learning materials for absolute beginners through to advanced
learners in over 40 different languages worldwide.

For more information, visit our websites www.oup.com and
www.askoxford.com